# NASCER DE NOVO
## para ser feliz

Solicite nosso catálogo completo, com mais de 300 títulos, onde você encontra as melhores opções do bom livro espírita: literatura infantojuvenil, contos, obras biográficas e de autoajuda, mensagens espirituais, romances palpitantes, estudos doutrinários, obras básicas de Allan Kardec, e mais os esclarecedores cursos e estudos para aplicação no centro espírita – iniciação, mediunidade, reuniões mediúnicas, oratória, desobsessão, fluidos e passes.

E caso não encontre os nossos livros na livraria de sua preferência, solicite o endereço de nosso distribuidor mais próximo de você.

*Edição e distribuição*
**EDITORA EME**
Caixa Postal 1820 – CEP 13360-000 – Capivari – SP
Telefones: (19) 3491-7000/3491-5449
vendas@editoraeme.com.br – www.editoraeme.com.br

José Lázaro Boberg

# NASCER DE NOVO
## para ser feliz

*"Ninguém pode ver o reino de Deus, se não nascer de novo".*
(João, 3:3).

Capivari-SP
– 2014 –

© 2003 José Lázaro Boberg

Os direitos autorais desta obra foram cedidos pelo autor para a Editora EME, o que propicia a venda dos livros com preços mais acessíveis e a manutenção de campanhas com preços especiais a Clubes do Livro de todo o Brasil.

A Editora EME mantém, ainda, o Centro Espírita "Mensagem de Esperança", colabora na manutenção da Comunidade Psicossomática Nova Consciência (clínica masculina para tratamento da dependência química), e patrocina, junto com outras empresas, a Central de Educação e Atendimento da Criança (Casa da Criança), em Capivari-SP.

4ª reimpressão – janeiro/2014 – Do 11.001 ao 11.500 exemplares

CAPA | André Stenico
DIAGRAMAÇÃO | Editora EME
REVISÃO | Dr. Manuel Portasio
Prof. Celso Martins
Maísa Brago

Ficha catalográfica elaborada na editora

Boberg, José Lázaro,
    Nascer de novo... Para ser feliz / José Lázaro Boberg - 4ª reimp. jan. 2014 - Capivari, SP : Editora EME.
    208 p.

    1ª edição : jan. 2003
    ISBN 978-85-7353-280-7

1. Reencarnação – Pluralidade de existências.
2. Autoajuda – Motivação espiritual.
                                           CDD 133.9

## Agradecimentos

Aos componentes do nosso Grupo de Estudos dos Centros Espíritas *"João Batista"* e *"Nosso Lar"*, de Jacarezinho-PR, Eloy Strauch, João Maria Martins, Terezinha Bertozzi, Sônia Marta de Mello Toledo e, em especial a José Aparecido Sanches, pelas oportunas sugestões e observações durante a elaboração da obra.
Ao amigo Dr. Manuel Portasio, da Federação Espírita do Estado de São Paulo – FEESP, pela leitura, correção e pareceres.
À esposa Maria Luiza Otênio da Costa Boberg, filhos, genro e neto.

## Nas leis do Destino

É inútil que dignitários desse ou daquele princípio religioso te pintem o Todo-Perfeito por soberano purpurado, suscetível de encolerizar-se por falta de vassalagem ou envaidecer-se à vista de adulações.

Os que procedem assim podem estar movidos de santos propósitos ou piamente magnetizados por lendas e tradições respeitáveis que o tempo mumificou, mas se esquecem de que, mesmo ante as leis dos homens, pessoa alguma consegue furtar, moralmente, o merecimento ou a culpa de outra.

Deus é amor. Amor que se expande do átomo aos astros. Mas é justiça também. Justiça que atribui a cada espírito segundo a própria escolha. Sendo amor, concede à consciência transviada tantas experiências quantas deseje a fim de retificar-se. Sendo justiça, ignora quaisquer privilégios que lhe queiram impor.

**Emmanuel (Chico Xavier) — Justiça Divina — FEB**

# Sumário

PREFÁCIO - UM SENTIMENTO INATO ...................... 9
INTRODUÇÃO ........................................................ 13

**PRIMEIRA PARTE**

SOBRE O REINO DE DEUS ..................................... 15
1. O conceito de Reino de Deus ............................ 17
2. Onde se encontra o Reino de Deus? ................. 23
3. O Reino de Deus não vem com aparência exterior .. 29
4. As muitas moradas do Reino de Deus .............. 35
5. Meu reino não é deste mundo .......................... 39
6. A que o reino de Deus é semelhante? .............. 41
   *6.1. ao grão de mostarda ................................... 44*
   *6.2. ao fermento ................................................ 47*
   *6.3. a um tesouro escondido ............................. 49*
   *6.4. a uma pérola preciosa ................................ 52*
   *6.5. a dez virgens .............................................. 56*
   *6.6. a luz sob o alqueire .................................... 61*
   *6.7. a uma rede de pescar ................................. 65*
   *6.8. a uma criança ............................................ 68*
   *6.9. aos trabalhadores da vinha ........................ 72*
   *6.10. ao joio e o trigo ........................................ 78*

## SEGUNDA PARTE

### SOBRE O NASCER DE NOVO
1. Reino de Deus e o nascer de novo ............................ 85
2. A unicidade das existências ................................... 89
3. Pluralidade das existências: Reencarnar é preciso! 93
4. A reencarnação é criação do Espiritismo? ............... 99
    - 4.1. *finalidade da reencarnação* ................................. 103
    - 4.2. *justiça da reencarnação* ........................................ 106
    - 4.3. *como as religiões cristãs vêem a reencarnação* ...... 109
    - 4.4. *a reencarnação segundo o evangelho* ..................... 116
5. O "nascer de novo" durante as reencarnações ..... 121
    - 5.1. *nascer de novo: aprendendo com a natureza* ......... 127
    - 5.2. *os dias são sempre novos* ...................................... 129
    - 5.3. *aprendizado e recomeço* ........................................ 133
    - 5.4. *não olhar para trás* ................................................ 136
    - 5.5. *exercitando a fraternidade real* ............................. 140
    - 5.6. *a hora é agora* ....................................................... 144
    - 5.7. *criando laços de amor e paz, agora* ...................... 148
    - 5.8. *boa vontade com os que nos odeiam* ..................... 151
    - 5.9. *novas disposições de luta* ..................................... 155
    - 5.10. *reinicia o esforço* ................................................ 158
    - 5.11. *persevera nos ideais nobres* ............................... 161
    - 5.12. *renascendo cada dia no bem* ............................... 165
    - 5.13. *é preciso nascer de novo* .................................... 170
    - 5.14. *renasce agora* ...................................................... 176
    - 5.15. *nascer de novo é conquista pessoal* .................... 182
    - 5.16. *nascer de novo agora* .......................................... 187
    - 5.17. *auxiliando hoje* ................................................... 192
6. A presença de Deus ................................................. 197

Bibliografia citada ......................................................... 201

# Prefácio

## Um sentimento inato

Não é de hoje que a idéia da reencarnação povoa a alma humana, até porque se trata de lei divina. Allan Kardec, ao destacar esse magno princípio, assim o descreveu: *"Naître, mourir, renaître encore et progresser sans cesse, telle est la loi"*. Portanto, não há nada de extraordinário na presença desse conceito entre nós, desde priscas eras.

É bem verdade que no princípio, quando o homem surgiu na Terra, não era ainda uma realidade palpável. Os primeiros seres humanos eram extremamente ignorantes e grosseiros para lidarem com idéias relacionadas à Metafísica. Com o tempo, viu o homem despertar em si o conceito de imortalidade da alma, primeiro passo para enveredar pelos caminhos do abstrato. Até chegar à idéia da reencarnação foi um longo e inóspito trajeto.

Ela chegaria com a raça adâmica e mais propriamente com os capelinos, Espíritos desenvolvidos intelectualmente e que traziam de suas plagas planetárias idéias superiores. Formando aqui as culturas mais diversas e esplendorosas, como as da Índia, da China, do Egito, da Grécia, de Roma, de Israel etc., disseminaram a partir delas suas notáveis idéias.

*In illo tempore, (quer dizer, naquele tempo)*, mesmo o homem de estudo não se encontrava preparado para aprofundar as idéias lançadas, de tal sorte que o conceito de reencarnação ficou gravado no seio das mais diversas tradições religiosas do passado, mas não se cogitava da realidade do processo em si. Seu conhecimento, porém, seria apenas uma questão de tempo e viria com a Doutrina dos Espíritos, que nos revelaria ser o Espírito a alma viajora do Universo de Plotino.

Allan Kardec refere-se ao *nascer de novo* de variadas formas, reportando-se inclusive a idéias que lhe são correlatas, tais como: pluralidade das existências, vidas sucessivas, ressurreição, renascimento, transmigração das almas, metempsicose, palingenesia. Contudo, na pergunta 171 de *O Livro dos Espíritos*, o Codificador reporta-se ao **dogma da reencarnação**, como elemento da justiça divina. E a Doutrina Espírita, sendo eminentemente evolucionista, não poderia deixar de abordá-la, e com riqueza de detalhes, em relatos magníficos dos próprios Espíritos, que já a vivenciaram à saciedade.

Doutrina cristã, portanto alicerçada nos ensinos do Mestre Jesus, é no princípio racional da reencarnação que encontra consistência e apoio. Afinal, como bem o demonstra o autor desta obra, o Cristo, em algumas passagens do Evangelho, refere-se justamente a esse mecanismo, como chave para a conquista do reino dos céus. É o que se vê no diálogo com *Nicodemos*, retratado pelo apóstolo João; na revelação de que *João Batista* fora o profeta Elias; no episódio do *cego de nascença*, para falar apenas dos exemplos mais lembrados.

Allan Kardec faz magnífico estudo em torno da pluralidade das existências, principalmente em *O Livro dos Espíritos*, item 222, onde elabora sua notável teoria, para demonstrar como o conhecimento acerca da reencarnação é importante no equacionamento dos mais complexos problemas que envolvem a vida humana na Terra. E, em meio ao seu percuciente raciocínio, o Mestre de Lyon lembra Voltaire e sentencia: se a pluralidade das existências não existisse, seria preciso inventá-la, para a felicidade do gênero humano.

Os ensinamentos espíritas nos mostram que a reencarnação é absolutamente necessária para que o Espírito atinja seus altos destinos e chegue à perfeição, assim como coloca o indivíduo frente a frente com sua magna responsabilidade: assumir sua parte na obra da Criação. Como bem disse Rui Barbosa no seu famoso discurso Oração ao Moços: *O Criador inicia e a criatura termina sua própria criação*. Criados simples e ignorantes, os Espíritos gozam de todas as oportunidades necessárias ao desenvolvimento de suas potencialidades naturais, divinas, a bordo do livre-arbítrio (a partir de um certo trecho de sua caminhada).

Somente com a lógica da Doutrina dos Espíritos sepulta-se definitivamente antigos conceitos que doutrinaram a alma humana por inúmeros séculos e até milênios. Falar em unicidade das existências, em panteísmo, em metempsicose, nos dias de hoje, é objetivamente viver apenas de passado, é "remar contra a maré", é negar o óbvio, é contrariar até mesmo a seta posta pela Ciência no caminho das pesquisas. É como falar ainda em milagres, magia, fenômenos sobrenaturais, pecado original, castigo divino, penas eternas etc. Para reconhecer a verdade acerca da pluralidade das existências, todavia, basta ter *olhos de ver*.

De fato, andam muito avançados os estudos científicos sérios em torno da reencarnação, visando desmistificá-la. As pesquisas empreendidas até aqui visam confirmar as evidências observadas em várias partes do mundo, as quais começaram a intrigar os estudiosos. E os resultados até aqui obtidos não têm feito outra coisa, senão dar apoio à crença, presente em inúmeras religiões do mundo. Hoje, uma boa parte da Humanidade fala de reencarnação com uma certa dose de prazer.

O Dr. Hernani Guimarães Andrade, grande estudioso do assunto no Brasil, cientista espírita de grande respeito, em uma de suas últimas obras, *Você e a Reencarnação*, na verdade uma coletânea de artigos por ele escritos ao longo de sua existência recém-finda, assim definiu a importância dos estudos científicos: *"Não tardará muito para a reencarnação ser reconhecida como uma lei biológica, à qual todos os seres vivos se acham submetidos"*.

Ora, essa expectativa é extremamente confortadora e mostra que estamos no caminho certo. Em meio ao imenso processo que evidencia a aproximação de uma nova fase da vida humana na Terra, com todos os avanços científicos já catalogados, a revelação é promissora. Conviver naturalmente com a idéia da reencarnação e suas óbvias implicações é fator de equilíbrio e de sabedoria para o Homem. Oxalá, cheguem rapidamente esses novos tempos.

As reflexões que o leitor encontrará nestas páginas certamente lhe trarão novas luzes ao pensamento e o ajudarão no esforço de transcendência em que se vem empenhando. A reencarnação nos retira de nosso *habitat* natural e nos deposita nos braços da matéria mais densa. O conhecimento que aqui se encontra, por seu turno, nos resgata do poço milenar da ignorância e nos impulsiona em direção a Deus e à sua Justiça.

*"Espíritas, amai-vos, eis o primeiro ensinamento; instruí-vos, eis o segundo"* (O Espírito de Verdade).

São Paulo, maio de 2003
*Manuel Portasio*

# Introdução

Pelo presente trabalho pretendemos, em algumas linhas, discorrer sobre um tema, entre tantos outros, que é objeto de grande celeuma, no seio das Igrejas Cristãs, consistindo-se em maravilhoso campo de pesquisa e conhecimento para àqueles que se ocupam da interpretação dos conceitos: *Reino de Deus* e *Nascer de Novo*.

Na citação de Jesus, segundo o Evangelho de João (Cap. III, 3), que: (...) *"ninguém pode ver o Reino de Deus, se não nascer de novo"*, as interpretações doutrinárias de *Reino de Deus* e *nascer de novo* tomam rumos interpretativos diversos. E, em torno dessas interpretações, congregam-se os grupos que têm os mesmos pensamentos, constituindo-se, por conseqüência, em doutrinas religiosas, que passam a nortear a vida de seus profitentes. São as chamadas *crenças*, cada qual procurando conquistar adeptos. As doutrinas católica e evangélica seguem, em linhas gerais, salvo algumas diferenças conceituais, a interpretação literal da chamada Bíblia Sagrada.

Por outro lado o Espiritismo, codificado por Kardec, tendo como suporte a *fé raciocinada*, interpreta, com sua *chave*, centrada nos seus princípios básicos, todos os textos, quer do Velho, como do Novo Testamento, ou mesmo de outras concepções fora da linha cristã, nada aceitando sem passar pelo crivo da razão; daí ser o Espiritismo considerado pelas Igrejas como intruso no seio cristão, em razão da não aceitação da Bíblia como livro sagrado, cujos ensinamentos, não são aceitos como *palavra de Deus*, embora haja, em determinados momentos, inspiração divina, e não são seguidos literalmente.

É comum ouvirmos a afirmação por parte de líderes de várias religiões cristãs que o *Espiritismo não é cristão*!

Em resposta a esta afirmação, dedicaremos um item (4.3. Como as religiões cristãs vêem a reencarnação), para analisar o Espiritismo em sua visão evolucionista e quanto ao debatido e polêmico tema de ser ou não cristão e mesmo quanto à polêmica no próprio seio de seus seguidores, de ser o Espiritismo, uma religião, ou não.

Faremos um estudo sobre o conceito de *Reino de Deus*, ou *Reino dos Céus*, citado nos Evangelhos, trazendo as interpretações dos chamados *cristãos puros*, que entendem o *céu* como algo exterior à criatura humana e a da Doutrina Espírita que entende como a busca da perfeição da parcela divina incrustada na consciência de todos, independente da vinculação a qualquer denominação religiosa.

O *nascer de novo* terá tratamento imparcial relacionando as interpretações convencionais do pensamento religioso cristão e a visão dupla ensinada pelo Espiritismo: *nascer de novo* no corpo (reencarnação), e o *nascer de novo*, diariamente, com o despertar interior, na busca da reforma íntima.

# PRIMEIRA PARTE

# SOBRE O REINO DE DEUS

*"As faculdades do homem estão em estado latente, 'como o princípio do perfume no germe da flor, que ainda não desabrochou', assim, também, em essência somos todos unos com a Perfeição Divina que habita em nós".*
(Francisco Espírito Santo Neto, As dores da alma Espírito Hammed, p. 26).

# 1. Conceito de Reino de Deus

> "DEUS está dentro de nós em todas as circunstâncias da vida. Quer você esteja praticando uma boa ação, quer esteja agindo errado, Deus está dentro de você. Quer você sinta felicidade, quer esteja ferreteado pelo sofrimento, Deus está dentro de você. Procure não esquecer esta verdade, em nenhum momento de sua vida: Deus está dentro de você".
> (Pastorino, Minutos de Sabedoria, p. 51).

Desde os mais remotos tempos, as parábolas foram utilizadas por diversos oradores ou escritores, como forma didática de se ensinar os mais diversos assuntos. São figuras, metáforas, imagens e personagens que, apesar de não existirem na vida real ganham vida, como num desenho animado, colocando o ouvinte ou o leitor como partícipe do enredo. Na literatura – chineses, árabes, judeus, cristãos – encontramos inúmeras parábolas ricas em ensinamentos. Era comum, portanto, o uso de parábolas (histórias) para se ensinar. Jesus também as utilizava, deixando-nos pelas citações dos Evangelhos de Mateus, Marcos, Lucas e João, verdadeiras pérolas, que perenizam através dos tempos, em razão de se caracterizarem como ensinamentos morais. Passados mais de dois mil anos, seus ensinamentos, *contados por quem sabia contar histórias,* continuam vivos, e, despertando nas pessoas reflexões profundas sobre a existência.

Durante três anos de sua vida pública, Jesus se propôs ensinar como encontrar o Reino de Deus, isto é, trouxe uma proposta para o desenvolvimento do reino íntimo, mostrando um projeto a ser realizado pela criatura, que, uma vez vivenciado, despertará os valores reais, que levam à felicidade verdadeira, mediante o desvelar das potencialidades existente em cada ser. No entanto, a idéia que se transmite de Jesus é que ele é o *Salvador*, o *milagreiro*, o *curador* de todos os males. Inverteram o seu projeto educacional, transferindo os problemas da humanidade para *as costas de Jesus*. Ele não veio para *carregar ninguém no colo*, *perdoar*, pura e simplesmente os erros que cada um comete. Veio orientar o homem a enfrentar os problemas e superá-los; afinal, somos dotados do livre-arbítrio, que é o poder de escolhermos, por nossa vontade, o nosso próprio destino. Ora, quem tem a liberdade de *escolha*, tanto pode acertar, como errar. Não há, por essa razão, qualquer punição, por parte de Deus, pelas nossas *escolhas*, pois afinal Ele nos concedeu o *livre-arbítrio*. Segundo a óptica espírita, as *escolhas* não acarretam punição, mas aquisição de experiências e conhecimentos. Não ensinou, também o Mestre, a inação para o desenvolvimento de nossas potencialidades divinas; logo, não venceremos, simplesmente, por termos *fé sem ação*, mas que, "*a cada um será dado segundo as suas obras*".

Jesus ensinou: "*Eu sou o caminho, a verdade e a vida, ninguém chega ao Pai, senão por mim*".[1] Entenda-se o *por mim*, como o intermediário naquele momento, de orientar as criaturas na prática dos ensinamentos das Leis Divinas, que estão gravadas na consciência de todo ser humano. Outros Espíritos de escol também tiveram a incumbência de desvelar essas leis, pois "*em todos os tempos houve homens* *que receberam essa missão, são os Espíritos Superiores, encarnados com o fim de fazer progredir a Humanidade".*²

Revelando essa verdade e uma vez praticada, processa-se, por conseqüência a auto-educação, ou seja, o desenvolvimento do Espírito; o Mestre deu a conhecer como seguir este roteiro e descobrir as potencialidades, de que todos são portadores, não pela *graça*, mas sim, pelas obras. Aguardar *milagres*, sem esforço é permanecer na ociosidade; é o mesmo que, esperar cair *maná do céu*, sem trabalho. Infelizmente esses conceitos errôneos de *cura gratuita* persistem também nas próprias Casas Espíritas, onde, por falta de entendimento, desconhecem a *chave* da Doutrina Espírita, para interpretar Jesus ou mesmo outras doutrinas religiosas. O estudo das obras da Codificação de Allan Kardec provocam mudanças de conceitos e renovação de atitudes.

Os Evangelhos destacam várias parábolas, cujo objetivo é de ensinar o homem a desenvolver esse Reino, não no exterior, mas dentro de si mesmo. A idéia do *Reino de Deus*, já fora alcançada por Jesus, sendo considerado pela espiritualidade como *"guia e modelo"*.³ Mas, como transmitir ou despertar nas pessoas rudes e simples, que o seguiam, esses ensinamentos? Era preciso contar parábolas, fazendo comparações, com os fatos do dia-a-dia, para facilitar o entendimento. Assim, bondosamente, dizia: *"O Reino de Deus é semelhante* a um *'grão de mostarda'*, a um *'fermento'*, a uma *'rede de pescar'*, a uma *'criança'*, a *'dez virgens'*, a uma *'pérola preciosa'* " etc...

Huberto Rohden⁴, explicando a posição de Jesus, como alguém que já alcançara as maravilhas do Reino de Deus, e que dizia de si para si: *"Como vou falar ao povo dessas maravilhas? Como fazer-lhe compreender o que é o Reino dos Céus?...Só balbuciando comparações, alegorias, parábolas primitivas...O Reino dos Céus é semelhante a isto, é semelhante àquilo..."*

O *Reino de Deus* é composto por uma hierarquia de valores imanente a toda criatura humana. É o *Reino de Deus* em contraste com o governo humano. Ele não é privilégio apenas de alguns, recebido gratuitamente, com base apenas na *fé*, mas todos os seres humanos são portadores de Sua centelha, de forma potencial, dormente. Por tratar-se de um esforço personalíssimo, portanto, intransferível, ninguém o realizará através de substituto, não havendo a chamada *salvação* milagrosa vinda de fora, cabendo a cada criatura a luta e o esforço constante para o seu desabrochar. Saliente-se, todavia, que é importante o auxílio externo (psicólogos, orientadores religiosos etc.), no sentido de *despertar* ou *acordar* a criatura para essa busca interna, mas ninguém pode realizar pelo outro. É nesse sentido que Paulo[5], recomenda: *"Desperta, tu que dormes!"* O despertar aqui, refere-se em *acordar* o que está em estado dormente, em potencial. Cada um é artífice de seu próprio crescimento!

As parábolas trazem dois aspectos: o material e o espiritual. O primeiro está relacionado ao dia-a-dia, baseando-se nos fatos, imagens e personagens, fixadas através de metáforas, figuras etc.; de fácil compreensão de todos; no entanto, o ângulo espiritual depende da capacidade de percepção, da evolução de cada um para penetrar na essência da mensagem. Cada um tira da parábola sua compreensão, naquele momento. Tanto é verdade que, posteriormente, de acordo com a maturidade que vamos atingindo, extraímos outras interpretações, mais profundas.

Nessa linha, Jesus legou à Humanidade várias parábolas, sendo que, na grande maioria, ensinando, o que era *semelhante* ao *Reino de Deus*. É nesse sentido, que iremos comentar, na primeira parte deste livro, as parábolas que abordam o *Reino de Deus*, destacando sua semelhança com algo material, do dia-a-dia, para, posteriormente refletirmos sobre o *nascer de novo*.

---

1 João, 14:6.
2 KARDEC, Allan. O Livro dos Espíritos, Q. 622.
3 Op.cit., Q. 625.
4 ROHDEN, Huberto. Sabedoria das Parábolas, p. 15.
5 Efésios, 5:14.

## 2. Onde se encontra o Reino de Deus?

> "(...) Nem dirão: Ei-lo aqui, ou ei-lo ali, porque o Reino de Deus está entre vós" (Lucas 17:21).

Conta-se que um cristão estava à procura do *endereço de Deus*. Na oração do Pai Nosso sabia, somente, *que Ele estava no céu*; intrigado, resolve em excursão mental, na reflexão do pensamento, questionar a si mesmo, qual é o endereço de Deus?

Divagando, em viagens de meditação, pelas asas do pensamento, chega inicialmente a Adão[1], o primeiro homem, e pergunta-lhe, pelo endereço de Deus. Sua resposta é que Ele se encontra no Éden. Chegando lá O encontrará, informou. Mas como chegar a esse Jardim do Paraíso, se o senhor foi expulso de lá. Adão então responde: Bem, acho que não sei...

Resolve visitar Abraão. O senhor, como *pai da fé*, ensina-me onde encontrar Deus? Bem, diz, o profeta: Quando precisava encontrá-Lo erguia um altar, sacrificava um animal e esperava por Ele. Às vezes vinha, às vezes não. Não conheço o seu endereço!

Chega, nessa peregrinação mental, a Moisés e pergunta: O senhor que teve contato com Deus em vários momentos, certamente conhece o seu endereço... — É claro que conheço. Ele está no Tabernáculo construído no deserto. Mas, quando os israelitas entraram na terra de Canaã, o Tabernáculo foi destruído. Onde está Deus, hoje, não sei — respondeu Moisés.

Desanimado, o religioso nessa linha de cogitações, chega a Salomão. — Senhor, onde se encontra Deus? Salomão responde, que Deus habitava o Templo que mandara construir. Aí o povo orava e Deus respondia suas orações. — Onde está o Templo, questionou o religioso? — Foi destruído, seiscentos anos antes de Cristo, pelos babilônios. Hoje, não tenho o endereço de Deus!

Procura, então, por João Batista. Ele responde, de pronto: — Vá a Jesus. Ele é o endereço de Deus. — De modo que, o excursionista saiu à procura de Jesus, pois, onde ele estivesse, aí seria o endereço de Deus. Mas Jesus morreu, materializou-se aos seus amigos e depois não apareceu mais.

— Onde habitar Jesus, habita Deus. Mas, onde é o seu endereço?

Veio, então a resposta de Jesus, na tela de seu pensamento: *"Eu orarei ao Pai e Ele vos mandará outro Consolador, para que fique eternamente convosco, o Espírito de Verdade, e que nesse dia saberão que eu estou no Pai e o Pai em mim e que eu estarei com vocês e vocês estarão comigo"*.[2] Dessa forma, o Espírito de Verdade traria a compreensão sobre o endereço de Deus: *"o Reino de Deus (seu endereço) está dentro de vós"*.[3]

E, gradativamente, desperta no religioso a resposta ao seu questionamento; o endereço de Jesus é o de Deus, por tê-Lo encontrado *dentro de si mesmo*, e que, Ele também está dentro de toda criatura, bastando encontrá-Lo. Essa a razão,[4] por ter afirmado Jesus: *"E, Eu e o Pai somos um"*.

Paulo[5] bem entendeu a localização desse endereço, afiançando que: *"Pois vós sois o santuário do Deus vivente, como Deus disse: Neles habitarei, e entre eles andarei (...)"*. Deus enviou o seu Espírito dentro do coração de todas as criaturas.

E assim, aquele cristão indagador compreende que, o *endereço de Deus* é o seu endereço, pois, Deus habita em todos nós. O endereço Dele é o meu endereço e o endereço Dele está em mim. Ele não está dormindo, eu é que O tenho, muitas vezes, em razão da falta de entendimento, ainda, em estado dormente. Ele é força viva e opera através de nós, quando criamos condições para sermos o seu canal. Muitas vezes, a *sombra* interior impede a Sua manifestação. Mas o seu endereço é o meu endereço, pois *Ele está dentro de mim"*.

O que se percebe, por *erro de endereço*, é que as pessoas necessitando de encontrar respostas para os seus percalços, suas angústias, seus conflitos, por sugestões de amigos, pela divulgação até exaustiva dos meios de comunicação, em especial os programas de televisão, procuram freqüentar uma religião, pois aí encontrariam Deus, submetendo-se às regras estabelecidas pelos homens. E o pior é que passam a aceitar como verdades divinas! Essas criaturas sequiosas pela busca *saem de casa*, como fizera o *Filho pródigo*, e vão para fora, ignorando que, na realidade, com este ato, estão afastando-se da meta que é o encontro de Deus dentro de si mesmas.

Vinculando-se às idéias, aos rituais litúrgicos, a uma personalidade, a uma religião, a um orientador, perdem a liberdade, tornando-se criaturas dependentes, não crescem, pois colocam no exterior a solução de seus problemas, esquecendo-se de seus potenciais divinos. O que a Doutrina Espírita orienta aos seus profitentes é que sejam livres, isto é, sejam os artífices do próprio crescimento. O único lugar efetivo para encontrar Deus é *dentro de nós mesmos"*.

Por falta de compreensão espiritual, havia muita

dificuldade de se entender o verdadeiro sentido do *Reino de Deus*, ensinado por Jesus, pois o povo de Israel subjugado pelo domínio dos romanos, ansiando pela libertação, via na implantação desse reino, como um poder político a ser comandado pelo Mestre; outros entendiam como localização geográfica, num determinado lugar exterior, naquilo que as igrejas convencionaram de se chamar de *céu* ou *paraíso*, um local de descanso eterno, de mera contemplação beatífica, onde estariam Deus e as pessoas predestinadas à eterna felicidade. O *Reino de Deus* não é um poder político, social ou religioso, nem uma localização geográfica, mas, *um poder dentro de cada um*, conquistado por esforço próprio, cuja felicidade alcançada será sempre proporcional ao grau de perfeição adquirida, e esta conquista será fruto da prática do bem.

O *Reino de Deus* não é algo que possa ser negociado, comprado como se faz nas conquistas terrenas, mas uma luta contínua da criatura, na eliminação de suas más tendências, de seus defeitos, das impurezas impregnadas no ego, criando condições para a presença do *"brilhe vossa luz"*, asseverado por Jesus. Esse trabalho não se faz num *passe de mágica*, apenas por se filiar a uma determinada denominação religiosa; por mais que se tenha uma longa existência física na Terra, é ela ainda muito curta para que o potencial divino de cada criatura alcance sua pureza. Há necessidade de muitas existências, em novos corpos, para que o processo de desenvolvimento da alma se realize.

Não se pode imaginar um Deus, sentado em seu trono, controlando toda a Humanidade, nos mínimos atos. Fomos criados simples e ignorantes das coisas e só paulatinamente vamos evoluindo, através de várias romagens terrenas, tendo como tribunal de nossos atos a própria consciência. Nesse sentido, perguntado por Kardec, os Espíritos dizem que "*a Lei de Deus está gravada na consciência*".[6] Ora, estando as Leis Divinas gravadas em nossa consciência, a conquista do Reino de Deus é vivência em consonância com elas.

Elucidativa é a crônica sobre o endereço de Deus, expressa no texto abaixo[7]:

> Passei tanto tempo Te procurando.
> Não sabia onde estavas, olhava para o infinito, e não Te via.
> E pensava comigo mesmo, será que Tu existes?
> Não me contentava com a busca e prosseguia.
> Tentava Te encontrar nas religiões e nos templos.
> Tu também não estavas.
> Busquei-Te através dos sacerdotes e pastores.
> Também não Te encontrei.
> Senti-me só, vazio, desesperado e descri.
> E na descrença te ofendi.
> E na ofensa tropecei.
> E no tropeço caí.
> E na queda senti-me fraco.
> Fraco procurei socorro.
> No socorro encontrei amigos.
> Nos amigos encontrei carinho.
> No carinho eu vi nascer o amor.
> Com amor eu vi um mundo novo.
> E no mundo novo resolvi viver...
> O que recebi, resolvi doar.
> Doando alguma coisa muito recebi.
> E em recebendo senti-me feliz.
> E ao ser feliz, encontrei a paz.
> E tendo a paz foi que enxerguei.
> Que dentro de mim é que Tu estavas.
> E sem procurar-Te, foi que Te encontrei.

1 "Segundo o Ensino dos Espíritos, é uma dessas grandes migrações, ou se assim o quisermos, uma dessas colônias de Espíritos, vindos de outra esfera, que deu o nascimento à raça simbolizada na pessoa de Adão, a qual por essa razão é denominada de raça adâmica". Kardec, Allan. *A Gênese*, Cap. XI, item, 38.
2 João, 14:15-17 e 26.
3 Lucas, 17:21.
4 João, 10:30.
5 2 Coríntios, 6:16.
6 Kardec, Allan. *O Livro dos Espíritos*, Q. 621.
7 Extraído do *site:* www.desejosesonhos.hpg.ig.com.br. Autor não identificado.

## 3. O Reino de Deus não vem com aparência exterior

> "E, interrogado pelos fariseus sobre quando havia de vir o Reino de Deus, respondeu-lhes, e disse: O Reino de Deus não vem com aparência exterior" (Lucas, 17:20).

Em razão do crescimento do movimento evangélico, nota-se, atualmente, o surgimento diário de igrejas em todo o país. Em cada bairro instala-se – inicialmente, de forma improvisada e modesta – mas aos poucos levantam-se templos, onde se dispendem enormes somas financeiras. Há todo um esquema montado para se ampliar o número de profitentes e a conversão do maior número possível de pessoas. Grupos são preparados para visitar as residências, procurando arrebanhar o maior número possível de adeptos. Há toda uma disputa entre as várias denominações religiosas, cada uma prometendo o Reino de Deus aos seus adeptos.

Nos órgãos de comunicações de massa, em especial o rádio e a televisão, há todo um bombardeio diário, prometendo o *Reino de Deus* e, por conseqüência, curas, melhoria de vida material etc... Os templos são cada vez mais suntuosos, sofisticados, com instalações internas das mais modernas, tudo para demonstrar a aparência exterior de prosperidade daqueles que passam a se filiar a esta ou àquela denominação religiosa.

Saliente-se também que esse Reino não é imposto, como algo emanado de uma autoridade exterior, mas é uma conquista pessoal, intransferível, através do esforço de cada criatura, independente da religião que professe.

Ora, "*O Reino de Deus não vem com aparência exterior*", na afirmação de Jesus[1]. É sempre preocupante o objetivo de se mostrar, vaidosamente, somente as aparências, principalmente em agrupamento religioso, cujo objetivo maior é o desenvolvimento do Reino de Deus no homem.

Jesus denunciou,[2] em certa ocasião, os escribas e fariseus, chamando-os de hipócritas, por parecerem limpos e puros no exterior, mas por dentro cheios de perversidade. "*São semelhantes aos sepulcros caiados, que por fora realmente parecem formosos, mas por dentro estão cheios de ossos de mortos e de toda imundícia*". O Reino de Deus é conquista íntima, personalíssima, que se desenvolve no templo da alma. Esta deve ser a preocupação maior. Não se deve ficar iludido com as aparências exteriorizadas na quantidade de adeptos, na riqueza dos templos. Chico Xavier[3], expoente de amor e bondade, expressou certa vez, "*Quem perde a simplicidade perde o endereço da paz*".

Dentro desta linha de raciocínio, de que o "*Reino de Deus não vem com aparências exteriores*", vamos encontrar várias citações de Jesus nos quatro Evangelhos e, também, nas Cartas de Paulo.

Em Mateus: "*Buscai primeiro o Reino de Deus e sua justiça e todas essas coisas vos serão acrescentadas*".[4] Há aqui um *alerta*, no sentido de que a sua conquista é construída na intimidade de cada um, e que uma vez implantado, por conseqüência, tudo o mais viria naturalmente. Não disse que se conquistaria o Reino de Deus pelas coisas exteriores, primeiramente; pelo contrário, é necessário implantar o *Reino de Deus* dentro de si e que as outras coisas seriam acrescentadas.

Em Marcos[5], Jesus mantém diálogo com um escriba; depois de o Mestre ensinar sobre a existência de um só Deus, o escriba entendendo a mensagem, diz que "devemos amá-lo de todo coração, de todo o entendimento, de toda a alma e de todas as forças, e amar ao próximo como a si mesmo, e que isto excedia a todos os holocaustos e sacrifícios". Vendo Jesus que o escriba havia respondido sabiamente, disse-lhe: *"Não estás longe do Reino de Deus"*. Percebe-se neste texto, que o escriba havia captado a idéia de Deus e, que Sua presença em nós, não dependia de atos exteriores, como holocaustos e sacrifícios, que era prática comum entre o povo judeu. Diante de sua resposta, Jesus percebeu que *"não estava longe o Reino de Deus"*, para aquele escriba.

Em Lucas: *"Curai os enfermos que nela houver, e dizei-lhes: É chegado para vós o Reino de Deus"*.[6] Jesus recomendou aos seus discípulos que curassem os enfermos, mas entendamos que os nossos pensamentos, quando freqüentes, podem desencadear saúde ou doença, dependendo do seu conteúdo; sabe-se, todavia, que a maioria das doenças, decorre dos reflexos infelizes do pensamento sobre o nosso corpo. *"O reflexo da mente em desalinho sobre o corpo* – desta ou de existências precedentes – segundo Emmanuel"[7] *gera estados enfermiços"*. A verdade é que as doenças são uma resposta aos desvios de rotas – em razão da liberdade de escolha – do Espírito em sua romagem terrena.

Descoberta a gênese da doença, e uma vez curado o indivíduo, dizia Jesus: *"Vá e não peques mais"*. Isto é, comece uma vida nova, com disciplina interior, vivendo em consonância com as Leis de Deus, não praticando os mesmos atos causadores de suas doenças. Aí, por conseqüência, "*é chegado o Reino de Deus*", não do exterior, mas do íntimo de cada um.

Jesus, na realidade não prometeu cura, mas sim alívio, ao dizer: "*Vinde a mim vós que estais cansados e oprimidos que eu vos aliviarei*".[8] Isto nos revela que ao dizer aos discípulos *curai os enfermos*, orientava que eles levassem a mensagem da Boa Nova, e que, mediante a execução de sua prática no bem, os enfermos, mudando o rumo de seus pensamentos, encontrariam a saúde psíquica e orgânica. É necessário que o interessado nessa cura reconsidere todas as questões causadoras das doenças no presente, e compreenda que raiou para o seu Espírito uma nova oportunidade de recomeçar a palmilhar, daí para frente, como quem encontrou o *tesouro escondido*, a construção do *Reino de Deus* em seu interior,

Paulo, embora no início de seu apostolado tenha, a curto prazo, se confundido com a idéia da vinda do *Reino de Deus*, como se esse fosse algo exterior, mais tarde, porém, entendeu que era uma realização íntima, personalíssima, em cada criatura. Daí encontrarmos várias citações nas suas epístolas sobre o sentido intrínseco do *Reino de Deus*:

Em Romanos[9]: (...) "*o Reino de Deus não consiste em comida e bebida, mas justiça, paz e alegria no espírito*". A idéia de justiça, refere-se à conduta reta e, quando acrescenta *no espírito*, a alusão é ao crescimento espiritual, extinguindo o sentido de *Reino de Deus*, como conquista externa. Vale dizer que, embora o texto conste como no *Espírito Santo*, trata-se de enxertia, pois no original, encontra-se *no espírito*.

Em I Coríntios: "*Então não sabeis que os injustos não herdarão o Reino dos Céus? Não vos iludais! (...)*".[10]

E reitera o seu pensamento: "*Digo-vos irmãos: a carne e o sangue não podem herdar o Reino de Deus, nem corrupção herdar a incorruptibilidade."*[11]

O Reino de Deus não é algo exterior ou um regime político, mas o produto de conquista pessoal no íntimo de cada um, pelo trabalho no bem, com retidão e amor.

---

1 Lucas, 17:20.
2 Mateus, 23:27.
3 BACELLI, Carlos A *As bênçãos de Chico Xavier*, p. 10.
4 Mateus, 6:33.
5 Marcos, 12:34.
6 Lucas, 10:9.
7 XAVIER, Francisco Cândido, Pensamento e Vida, p. 77.
8 Mateus, 11:28.
9 Romanos, 14:17.
10 I Coríntios, 6:9.
11 I Coríntios, 15:50.

# 4. As muitas moradas do Reino de Deus

> "Não se turbe o vosso coração. Crede em Deus, crede também em mim – Há muitas moradas na casa de meu Pai. Se assim não fosse, eu vo-lo teria dito" (...). (João, 14:1-3).

Além da interpretação de que *"a casa do Pai é o Universo e que as diferentes moradas são os mundos que circulam no espaço infinito, oferecendo aos Espíritos desencarnados estações apropriadas ao seu adiantamento"*,[1] temos a interpretação psicológica.

*"Na casa do Pai há muitas moradas"*.[2] Do ponto de vista psicológico, como Deus está em tudo, essas *moradas* simbolizam também os vários estágios ou hierarquia de valores que cada criatura atinge, gradativamente, na sua caminhada evolutiva em sua busca inexorável na conquista da plenitude do Reino de Deus. Saliente-se que todos nós possuímos a essência divina em nossa consciência, pois o *Reino de Deus* está dentro de cada um, em forma potencial, dormente, embrionária. É o que Jesus explicava através das parábolas do grão de mostarda, do fermento, da pérola escondida e outros do gênero — atingir a plenitude do *Reino de Deus* é atingir a perfeição.

Através de suas Leis, portanto, de forma indireta, Deus se faz presente em nossa consciência. Já no Antigo

Testamento, o salmista expressava: *"Eu disse: Vós sois deuses"*.[3] No Novo Testamento, Jesus, após demonstrar sua força espiritual aos judeus, que queriam apedrejá-lo, relembra o referido salmo de Davi[4]: Não está escrito na vossa lei: Eu disse: *"vós sois deuses?"* Referia ele, que somos portadores da potencialidade divina e que, na realidade, precisamos tomar posse daquilo que nos pertence. Podeis fazer tudo o que eu faço e muito mais. *"Sois deuses"*; *"sois luzes"*; *"se tiverdes fé do tamanho de um grão de mostarda nada vos será impossível"*.

Somos criados à imagem e semelhança de Deus, pelo menos assim é ensinado desde Moisés; no entanto, estamos, muitas vezes, *dormindo*. Somente na condição de iguais poderíamos fazer coisas iguais!

Deve-se entender que Deus *faz morada* em nosso psiquismo. Se tomarmos uma gota da água do mar e passarmos por uma análise química laboratorial, encontraremos na gota a mesma composição química do mar. Somos partículas de Deus e carregamos em nós, *todos* os seus atributos, porém em estado potencial. O espírito sendo criado *simples e ignorante* é perfectível e à medida de sua evolução, por meio das experiências reencarnatórias, aperfeiçoa o gérmen dessa perfeição, de que é portador.

Da mesma forma acontece quando extraímos sangue de nosso corpo para a análise laboratorial: a gota contém potencialmente todo o conteúdo do sangue. Analogamente, temos, em essência, a semente divina em nossa alma. Temos em nossa individualidade o EU profundo, que é a *pérola escondida*, que fatalmente um dia, pela eliminação do nosso lado escuro da imperfeição, de que somos portadores, e desenvolvendo nosso sentimento puro, Deus manifestará em nós. É óbvio que não basta ter fé ou elevado grau de intelectualidade. É preciso agir na prática do bem, incansavelmente.

Todos nós, em determinados momentos da vida, alcançamos vislumbres dessa beleza espiritual, que é a manifestação do Reino de Deus em nós. Em determinadas ocasiões, quando criamos condições propícias, com perfeito estado de equilíbrio, harmonia íntima, ou estamos em prece profunda, sentimos um brilho, uma réstia de luz esparzindo do EU Divino. No entanto, passados alguns momentos voltamos ao estado normal de nossa evolução. São as amostras motivadoras para que não esmoreçamos e perseveremos para alcançar a felicidade íntima.

Para que Deus faça morada em nossa alma, isto é, para que Sua presença desabroche e manifeste em nós, temos que travar uma verdadeira batalha contra o nosso maior inimigo, que somos nós mesmos, retratado em nossas imperfeições. Não basta pertencer a uma determinada religião, contribuir com o chamado dízimo, cumprir os rituais litúrgicos, ou dizer que está *salvo*, porque aceitou Jesus, Maomé, Buda ou outro líder espiritual. Nada disto adianta, porque o *Reino de Deus* se manifesta à medida em que melhoramos nossa conduta ética e moral.

Na elaboração de *O Livro dos Espíritos*, Kardec aborda as diferentes ordens de Espíritos[5]: *"imperfeitos, bons e puros"*. Os estados psíquicos do Espírito relacionam-se ao grau de evolução de cada um. Ao reencarnar, cada Espírito manifesta no exterior a que morada pertence na casa do Pai. Daí entendermos que as várias moradas existem em todo o ser humano, estando cada um num estágio evolutivo. No entanto, a morada feliz é fruto de várias reencarnações.

---

1 KARDEC, Allan. *O Evangelho Segundo o Espiritismo*, Cap. III, item 2.
2 João, 14:2.
3 Salmos, 82:6.
4 João, 10:34.
5 KARDEC, Allan. *O Livro dos Espíritos*, Questões 96 a 113.

## 5. Meu Reino não é deste mundo

> *"Tornou, pois a entrar Pilatos no Pretório, e chamou a Jesus e disse-lhe: Tu és o Rei dos Judeus? Respondeu-lhe Jesus: O meu reino não é deste mundo. Se fosse, os meus súditos combateriam para que eu não fosse entregue aos judeus; mas agora o meu reino não é daqui". (João 18:33-37).*

Dentro do pretório (residência oficial do governador militar romano), Jesus é interrogado por Pilatos. O tema da conversa é sobre reinado. Depois de comunicar a razão porque está ali (fora entregue pelos judeus e pelos principais sacerdotes), Pilatos questiona: O que fizeste tu?

Jesus, então respondeu: *"O meu reino não é deste mundo. Se fosse, os meus súditos combateriam para que eu não fosse entregue aos judeus. Mas agora o meu reino não é daqui"*.[1]

Aqui o sentido da palavra *mundo* associava-se aos interesses mundanos, materiais, da *porta larga*, onde havia prevalência do domínio político, da ampliação da vaidade, do orgulho, do egoísmo, em busca das necessidades artificiais. Vale dizer que o seu Reino se sintonizava, não com aquele *mundo*, mas sim com o *mundo espiritual*, voltado para o Reino interior. A sociedade da época era ainda imatura, voltada para os interesses temporais, para a vida objetiva e jamais poderia entender a profundidade daquelas palavras.

Kardec,[2] questiona: *"Em que sentido se devem entender as palavras do Cristo: Meu Reino não é deste mundo?"*

Os Espíritos respondem: *"O Cristo respondeu em sentido figurado. Queria dizer que não reina senão sobre os corações puros e desinteressados. Ele está em todos os lugares em que domine o amor do bem, mas os homens ávidos das coisas deste mundo e ligados aos bens da Terra, não estão com ele".*

Há de se entender que Jesus não falava da localização geográfica do Reino, mas de sua origem e, portanto, de sua natureza. Falava do Reino como de natureza divina. O *Reino de Deus* não se vincula ao domínio político, não se concretizará através de violência armada. É um Reino que, para conquistá-lo, reclama a apresentação de uma senha: o amor.

O mundo abordado por Jesus não estava vinculado aos interesses do governo do reino material, de poder de mando temporal, mas sim, algo mais profundo, que é domínio sobre si mesmo. Tinha por objetivo ensinar os homens a buscar esse *mundo*, que uma vez encontrado, estariam instalados na alma de cada criatura metas de conquistas imperecíveis na prática do bem, do amor e da paz que o mundo não pode dar. E tais virtudes, por ora, estavam ainda distantes das pessoas ávidas do domínio do mundo material. Dizemos, por ora, já que a meta é a progressividade. Um dia todos chegam lá!

Os valores morais e éticos, uma vez desenvolvidos no nosso Reino interior, estarão conosco, seja no plano da existência terrena, seja no plano espiritual. Quando Cristo afirmou que *"meu reino não é deste mundo"*, referia-se a um reinado diferente, construído na própria alma. Daí entendermos que essa conquista, sendo um processo gradativo de desenvolvimento de virtudes, se realiza ora na Terra, ora no mundo espiritual. Vale dizer: quer estejamos encarnados ou não, poderemos ter ou não a plenitude desse reino.

---

1 João, 18:36.
2 KARDEC, Allan. *O Livro dos Espíritos*, Q. 1.018.

## 6. A que o Reino de Deus é semelhante?

> *"(...) Mas, aos seus ouvintes inexperientes, não podia ele dizer o que, na realidade, era esse Reino; só lhes podia indigitar, através de comparações e analogias, a que era semelhante esse Reino. O Reino dos Céus é semelhante a um grão de mostarda... a um fermento... a uma rede de pescar, (...)" (Huberto Rohden, Sabedoria das Parábolas, p.13-14).*

Jesus, para explicar o que era o *Reino de Deus* no homem, tinha de utilizar recursos didáticos e práticos, de tal sorte que seus ouvintes, homens rudes e simples, pudessem assimilar o entendimento com facilidade. Para ele era fácil, pois afinal, ele próprio, na condição de Espírito Puro, já o desenvolvera na plenitude dentro de si mesmo. Os Espíritos o definem como *"o tipo mais perfeito que Deus ofereceu ao homem, para lhe servir de modelo e guia"*.[1] Compara, então, o *Reino de Deus* com vários fatos materiais, tirados do dia-a-dia, mostrando que ele assemelha ao crescimento e à expansão do Espírito.

O Reino lembra uma hierarquia, sendo dirigido por reis e rainhas, comum à época de Jesus. Nos reinados, temos as figuras do Soberano e de súditos. Hoje, embora haja alguns reinados no mundo moderno, onde prevalece o

Estado democrático de direito, os mandatários são chamados de Presidentes, Governadores etc... Desta forma, teremos sempre dirigentes e dirigidos.

Aqui já se percebe uma comparação que Jesus faz entre o *reino dos homens* (dirigido por reis e rainhas) ou *governo dos homens* (Presidentes, Governadores etc...) e o chamado *Reino de Deus* ou *Governo de Deus*. Um é o governo material e o outro o governo espiritual. Ora, como esse reino ou governo de Deus está *dentro do homem*, consiste ele de uma hierarquia de valores e de fatos que integram a natureza humana. No processo evolutivo, a criatura que começa na simplicidade, vai através das várias experiências reencarnatórias desvencilhando-se de suas imperfeições, abandonando suas más tendências, até um dia atingir a condição de Espírito Puro. Na escala apresentada por Kardec[2], os Espíritos passam pela condição de: *"imperfeitos"*, *"bons"* e *"puros"*, quando então o Reino de Deus ou o Governo de Deus atingirá a plenitude de seu desenvolvimento na intimidade de cada um.

Em determinadas etapas de nossa caminhada evolutiva, vivemos sob o reino ou governo de valores exclusivamente voltados para a materialidade, onde ainda imperam o orgulho, a vaidade, a ambição desmedida; todavia, com a melhoria íntima, nossas virtudes passando a governarem (reinarem) em nosso interior, instala-se, gradativamente, esse Governo ou Reino de Deus em nós. Portanto, quando Jesus recomendou *"brilhe a vossa luz"*, não se referia a uma conquista instantânea, como o acender de uma lâmpada, mas como fruto de luta diária, de esforço contínuo, em todos os momentos de nossa vida.

No intuito de revelar aos seus seguidores e, por conseqüência, a toda Humanidade, a universalização deste tão decantado *Reino de Deus*, a forma encontrada foi através de parábolas, que refletissem o dia-a-dia. Passou, então, a mostrar através de várias comparações e exemplos práticos o que era *"semelhante ao Reino de Deus"*. Nosso objetivo, na seqüência, na primeira parte deste livro, é explicar de forma simples, dez parábolas utilizadas por Jesus, que serviram de base para ensinar aos homens, de forma didática, à idéia do *Reino de Deus* em nós.

---

1 KARDEC, Allan. *O Livro dos Espíritos*, Q. 625.
2 Op. cit., Questões, 101-113.

## 6.1. Ao grão de mostarda

> "O Reino dos Céus é semelhante a um grão de mostarda, que um homem toma e semeia em seu campo; e, sendo a menor de todas as sementes, depois de crescer se transforma na maior de todas as hortaliças, em cujos ramos os pássaros se aninham". (Mateus, 13:31).

A preocupação de Jesus era criar mecanismos didáticos para ensinar àquele povo a felicidade de se encontrar Deus, ou seja, o *Reino de Deus* gravado em seu interior.

Jesus, para ilustrar o crescimento do *Reino de Deus* na intimidade de cada um, procura demonstrar ao que ele é *semelhante*. A primeira comparação é com o grão de mostarda. O Mestre certamente tinha em mente ao elaborar a parábola comparar o Reino de Deus com a mostarda preta, que era uma árvore que cresce até a altura de cinco metros, aproximadamente. Entre os rabinos, um *grão de mostarda* era uma expressão comum para qualquer coisa muito pequena. Seu tamanho era chamariz para que os pássaros selvagens viessem a se alimentar de suas pequeninas sementes. Era uma comparação interessante para mostrar como de uma pequena semente pudesse desenvolver e dar uma grande árvore e que as aves aí pudessem repousar e fazer seus ninhos.

Inúmeros fatores contribuem para que se processe o desenvolvimento da semente. Destaque-se, primeiramente, que a terra deve apresentar condições propícias para que seja trabalhada a germinação, para que haja transformação, crescimento e frutificação do que foi inicialmente a *semente*. Só isso seria insuficiente se a própria semente permanecesse inerte e não trabalhasse no aproveitamento dos elementos que a Natureza lhe oferece.

Cairbar Schutel[1], comentando a parábola, expressa: *"Da mesma forma acontece com o Reino de Deus. Sem o trabalho dessa 'semente', sem o concurso da boa vontade, que é a melhor fertilidade que podemos proporcionar; sem o esforço da pesquisa, do estudo, não pode aumentar e engrandecer em nós, não se pode mostrar tal como é, assim como a mostarda não se transforma em hortaliça sem o emprego dos requisitos imperiosos para essa modificação".*

O *Reino de Deus* começa *pequeno* em cada um de nós, pois, somos portadores da potencialidade divina, que com o esforço de cada um, irá atualizar, isto é, tal como o grão de mostarda, que crescerá e tornará uma grande árvore, a nossa centelha divina, que é a pequena *semente* de Deus em nós, se desenvolverá, tornando útil a si e aos semelhantes. Não se deve desprezar a ninguém. O mais humilde é aquele de quem mais precisamos. E o reino dos céus é feito dos mínimos, mas que, por seu amor e sabedoria, produzirá muito. Nós somos esse grão de mostarda que irá crescer e se tornar luz. É esse o sentido que Jesus dava, ao dizer, *"sois luzes, sois deuses"*.

A evolução ou progressão é imanente ao corpo doutrinário do Espiritismo. Na resposta a Allan Kardec[2], destacando a importância da evolução da *sementezinha*, os Espíritos elucidam que: (...) *"Enquanto ensaiam para a vida, antes que tenham plena consciência de seus atos e estejam no gozo pleno do livre-arbítrio, atuam em certos fenômenos"*. E na mesma questão, logo a seguir, complementam: "(...) *É assim que tudo se encaixa, que tudo se encadeia na Natureza, desde o átomo primitivo até inclusive o arcanjo, que, ele mesmo, começou por ser átomo; admirável lei de harmonia, que o vosso espírito limitado ainda não pode abranger o conjunto!"*

O princípio inteligente começa como átomo, no Reino Mineral; estagia na planta no Reino Vegetal; passa por diversas espécies do Reino Animal; torna-se homem ou Espírito (com E maiúsculo), entrando assim, no Reino Hominal. É o momento da *"individualização do princípio inteligente"*.[3] E um dia, seremos Espíritos Puros, alcançando a plenitude do Reino de Deus.

---

1 SCHUTEL, Cairbar. *Parábolas e Ensinos de Jesus*, p. 8
2 KARDEC, Allan. *O Livro dos Espíritos*, Q. 540.
3 Op.cit. Q. 79.

## 6.2. Ao fermento

> *"O Reino dos Céus é semelhante ao fermento que uma mulher toma e põe em três medidas de farinha até que tudo fermente". (Mateus, 13:33).*

Nas três festas judaicas a que os homens deveriam comparecer, não se admitia o uso do fermento nos seus sacrifícios[1]. Durante os sete dias da Páscoa todo o fermento deveria ser removido: o único pão que se podia comer era o que não levava fermento, que são os pães ázimos.

Nesta parábola, contudo, o fermento não transmite esse conceito. A idéia de utilizar o fermento como parábola para simbolizar o *Reino de Deus*, certamente Jesus teria se inspirado do trabalho de sua mãe, Maria, ao preparar a massa de farinha para o pão material. Como era seu intento criar histórias para ensinar o Reino de Deus, encontrou aí uma lição excelente, baseada num ato material do dia-a-dia, e que facilitaria o entendimento espiritual daquele povo ainda sem muita compreensão. Percebera Jesus que sua mãe tomava uma pequena porção de fermento e colocava em três medidas de farinha e a massa toda levedava, transformando-a, inicialmente de pequena quantidade, em um enorme volume.

A essência da parábola do fermento não é muito diferente da parábola do grão de mostarda. Ambas simbolizam que os grandes resultados têm início de começos simples. O fermento era representado por uma pequena quantidade de massa preparada em outra ocasião e guardada à parte para que se realizasse a sua fermentação. As três medidas referidas na parábola seriam equivalentes a 36 litros, iguais a duas latas grandes, quantia que se produziria numa fornada de pães, o suficiente para atender uma família grande.

A ação do fermento é invisível, atua lenta e silenciosamente do interior para o exterior, mas seus efeitos são penetrantes e abrangentes. Depreende-se que o Reino de Deus atingirá a todos, extensivo a todo mundo, independente de filiação religiosa.

O fermento – elemento material – no caso da parábola é o elemento divino ou espiritual do homem, que Jesus denominou como *Reino de Deus* ou *Reino dos Céus*; para os hindus é chamado de *Atman*, os livros sacros chamam de alma; para a grande maioria dos orientais, Eu central ou Divino; o Espiritismo[2], em outras palavras, referindo-se a esse Reino, diz que "*as Leis Divinas estão gravadas na consciência*".

O fermento é semelhante aos homens de bem que são misturados aos outros homens. "*Os mais avançados ajudam o progresso dos outros pelo contato social*".[3] Alguns homens são em suma, verdadeiros catalisadores.

---

1 Êxodo, 34:35.
2 KARDEC, Allan. *O Livro dos Espíritos*, Q. 621.
3 Op. cit., Q. 779.

## 6.3. A um tesouro escondido

> *"O Reino dos Céus é semelhante a um tesouro escondido num campo. Achando-o um homem, escondeu-o de novo, então em sua alegria foi, vendeu tudo o que tinha e comprou aquele campo". (Mateus, 13:44).*

Tanto esta parábola, como a seguinte, são encontradas apenas no Evangelho segundo Mateus[1], trazendo na essência o mesmo objetivo que é comparação de valores materiais com o Reino de Deus, salientando a importância de se priorizar o valor espiritual, que, uma vez encontrado, sacrifica-se tudo para viver nele.

Como era comum nos tempos antigos, por não existirem ainda instituições financeiras, o homem escondia seus bens materiais de valor (dinheiro, jóias etc) na terra; protegia-se assim de possíveis invasões de inimigos ou mesmo de ladrões. Muitas vezes os objetos eram perdidos, quer pelo falecimento do proprietário, quer por esquecimento do local, sendo encontrados até hoje na Palestina, com as constantes escavações, pelos trabalhos arqueológicos.

Baseando-se neste fato de que o homem ao encontrar um tesouro enterrado, faz de tudo para com ele ficar, Jesus comparou este fato material com a conquista do *Reino de Deus*.

A história criada por Jesus está vinculada certamente a um trabalhador do campo, pobre, que talvez estivesse arando a terra e que, em determinado momento encontra um tesouro. Para que ninguém viesse a saber de sua existência, esconde-o, novamente, no solo e, repleto de alegria e ansiedade, volta para a casa e tenta vender tudo o que tem para comprar aquela gleba. Pela lei rabínica qualquer bem que fosse encontrado passava a pertencer ao descobridor. Todavia, para que não houvesse qualquer contestação quanto ao seu direito de propriedade por quem quer que fosse, o objetivo do camponês era dispor de tudo o que possuía para ter o domínio da terra.

O mesmo acontece com o homem quando descobre a existência do *Reino de Deus* dentro de si mesmo. Muda a prioridade de sua escala de valores. Esse Reino passa a ter primazia e um valor supremo. Esse tesouro escondido passa a nortear sua vida. A alegria é tanta que parte para a conquista integral, abandonando, paulatinamente os velhos hábitos, abrindo mão das conquistas perecíveis.

Saliente-se, todavia, que ao encontrar esse Reino, simbolizado no tesouro escondido, não quer dizer que atingimos, milagrosamente, a perfeição; apenas encontramos, como já referido, o tesouro escondido. Daí para frente começam as nossas lutas. Estaremos sempre entre dois caminhos, ou no dizer de Jesus, em outra parábola, entre a *"porta estreita"* e a *"porta larga"*. A primeira sugere-nos, que para fazer *brilhar* essa luz em potencial, teremos de nos despojar do fardo da inferioridade de que somos portadores, como o egoísmo, a vaidade, a maledicência, a desonestidade, a ambição desmedida... A segunda é representada pelas atrações mundanas, repletas de atrativos, comodidades, por onde todos podem entrar; somos atraídos pelos desejos exteriores, sem qualquer preocupação com os valores do Espírito.

Travam-se lutas enormes entre o *ter* e o *ser*. Às vezes, até temos boa vontade, mas encontramos enormes dificuldades de nos livrarmos de nossas más tendências, fruto de nossas vivências milenares. Temos que lutar diariamente, com perseverança. Conquistamos avanços, mas também encaramos as nossas recaídas, e aí, temos que recomeçar. É uma batalha que não se vence abruptamente, daí a necessidade de se perseverar, orando e vigiando os nossos pensamentos, as nossas atitudes. Allan Kardec, nesta linha de raciocínio interpretativo, em relação ao espírita, assevera: *"Reconhece-se o verdadeiro Espírita pela sua transformação moral, e pelos esforços que faz para dominar as suas más inclinações"*.[2] Aliás, podemos entender o verdadeiro espírita como o *momento* em que o ser atinge sua *conscientização*, sendo extensivo a todos. A aquisição da consciência – independe da cultura intelectual, da filosofia e da crença a que se filia – é um estágio da evolução em que o ser é capaz de discernir entre o bem e o mal, o certo e o errado, o que é lícito e o que é irregular. A transformação moral e o esforço que cada um faz por eliminar suas más tendências são reflexos da *conscientização* do ser, em seu empenho contínuo, na busca da perfeição. Dessa forma, todos que demonstram modificação em sua conduta moral e lutam para eliminar as más tendências instintivas denotam o despertar do *ser consciente*.

---

1 Mateus, 13:44-46.
2 KARDEC, Allan. *O Evangelho Segundo o Espiritismo*, Cap. XVII, item 4.

## 6.4. A uma pérola preciosa

> *"O Reino dos Céus é semelhante a um comerciante que busca boas pérolas. E, tendo encontrado uma pérola de grande valor, foi, vendeu tudo o que tinha, e a comprou".*
> *(Mateus, 13:45-46).*

Assim como o ouro, a pérola era altamente valorizada; trata-se de uma gema dura, redonda, formada no interior de certos moluscos (ostras, que vivem nas profundezas do mar), como reação a uma irritação causada por um objeto estranho dentro de sua concha. Não havendo lesão no corpo do molusco não se formam pérolas. Enquanto estão encerradas nas conchas, as pérolas não demonstram brilho algum, mas brilham exuberantemente quando expostas à luz solar. Possuidores de pérolas eram tidos ao tempo de Jesus como detentores de riqueza.

Esta parábola destaca o mesmo sentido da anterior quanto ao seu objeto, pois ambas dão ênfase à importância do Reino dos Céus, que, uma vez encontrado na intimidade de cada um, começa a grande batalha da criatura para buscar esse Reino na sua integralidade, sacrificando, gradativamente, os demais desejos exteriores, em benefício dos valores internos.

São duas posições materiais em contraste: um homem pobre que descobre um tesouro escondido, e, ao que parece um negociante rico, que anda à procura de belas pérolas. No caso do empregado, *"ao encontrar o tesouro, oculta-o, cheio de alegria, vai, vende tudo o que tem, e compra aquele campo"*. Referindo-se ao comerciante, que anda em busca de belas pérolas, *"encontrada uma de grande valor, vai, vende tudo o que possui e a compra"*.

O *Reino de Deus* está em todos, independe de ser empregado ou patrão, rico ou pobre, portador de um rótulo religioso ou não. Um dia todos nós o encontraremos. No curso da vida acabaremos por descobrir essa verdade, que a pérola divina do Reino de Deus é a centelha de Deus em nós. Essa descoberta assemelha-se a um processo de lavagem da lama de um diamante; a grosseria de nossos atos é, ainda, muitas vezes, tão intensa, que só após muito tempo de esforço e dedicação espontânea no bem, conseguiremos descobrir o diamante escondido debaixo do lodo. José Aparecido Sanches[1], faz outra comparação, dizendo que *"nossa imaturidade espiritual obscurece o diamante bruto que já somos, o qual irá gradativamente brilhar, na medida da lapidação que operamos através das sucessivas experiências reencarnatórias"*.

Ainda bem que é assim, pois são muitos os grupos religiosos que se arvoram em serem detentores do *único caminho* para se encontrar Deus. Ora, Deus estando em todos, indistintamente, Sua presença não se limita aos que estão filiados a determinadas religiões (Católica, Espírita, Evangélica, Muçulmana etc...), ou aos que dizem ter fé em Deus, Jesus, Buda ou Maomé – *"a fé sem obras é morta"*, afirmou Tiago[2] —, mas também às pessoas que estão atentas ao domínio de suas más tendências, paixões inferiores, que ainda impregnam suas condutas.

Quantos são os verdadeiros *homens de bem* e que não são filiados a nenhuma concepção religiosa! Longe de nós esta idéia de que basta ter fé para que se alcance o Reino de

Deus. A fé sem obras não prospera. Não basta seguir somente as leis humanas, criadas pelas organizações religiosas, seja qual for a denominação, crer em Deus ou em Jesus, ou de depositar toda fé possível; nada disso nos garante ter encontrado o Reino de Deus; no dizer dos Espíritos Superiores, "*é preciso fazer o bem no limite de nossas forças*"[3], fruto da energia emanada do extravasamento espontâneo de nossa plenitude interior. É o bem, que nasce do ser que é bom e se exterioriza sem outro desejo, senão fazer o bem, espontaneamente.

No caso em questão o comerciante, certamente vendedor de pérolas, ao encontrar uma *pérola de grande valor*, vendeu tudo o que possuía e a comprou.

O *Reino do Céu* se assemelha àquela pérola de grande valia. Enquanto a pérola, nascida na profundidade do mar, só brilha diante da luz solar, o *Reino de Deus*, também se encontra nas profundezas de nosso Eu espiritual, só brilha diante da iluminação interior de cada criatura. Uma vez encontrado, vendemos (deixamos de dar prioridade) as coisas que podem impedir o nosso crescimento, ou seja, o desenvolvimento de Deus dentro de nós.

Enquanto as pérolas do mundo simbolizam os bens, os prazeres materiais, descobrir a *pérola preciosa* é encontrar a felicidade que *o mundo não pode dar*; a criatura compreende que por mais que se conquiste os bens exteriores, são eles perecíveis; daí a mudança de valores por aqueles que encontram o *Reino de Deus*, os quais procuram ir *trocando* tudo pelo crescimento do EU Divino.

Quantas vezes pessoas que estão no processo de *vender* tudo, priorizando os valores espirituais, em detrimento dos materiais, são tidas como alheias ao mundo, perdedores de tempo, deixando de *gozar* a vida? Quando, na verdade, estão lutando contra o assédio dos maus pensamentos, das idéias malsãs ou de sugestões vendidas pelas ilusões da *porta larga*, que conduz o homem a uma rua de acerbas decepções.

É interessante analisar, nesta linha de raciocínio, que o surgimento da pérola é conseqüência de um ferimento no molusco. O homem também diante dos acicates e sofrimentos profundos volta-se para o seu interior e busca o EU divino. A perda de um ente querido, por exemplo, ferindo o ser humano em profundidade, leva-o, buscar a resposta para os porquês no seu Deus interior.

Durante toda vida há uma disputa incessante entre o *ter* e o *ser*. Quanto mais materializada a criatura se encontra, prevalece o *ter* e, por conseqüência, há mais obscuridade no Espírito. A busca pela conquista do *Ter* impede a visão do *Ser*. Mas uma vez alcançada a *pérola preciosa* do *Reino de Deus*, o ser humano torna-se indiferente, ou pelo menos não é possuído pelo *ter*, não mais se escraviza pelos bens materiais, que, eventualmente, estejam sob sua administração.

---

1 SANCHES, José Aparecido. Boletim Informativo, n.º 230, abril/04, do Centro Espírita João Batista e Nosso Lar, de Jacarezinho-PR.
2 Tiago, 2:17.
3 KARDEC, Allan. *O Livro dos Espíritos*, Q. 642.

## 6.5. A dez virgens

> *"Então o Reino dos Céus será semelhante a dez virgens que, tomando as suas lâmpadas, saíram ao encontro do noivo. Cinco eram insensatas e cinco, prudentes". (...)*
> *(Mateus, 25:1-13).*

Mais uma bela lição de alto conteúdo espiritual é extraída por Jesus ao comparar um cortejo nupcial, com seus rituais e costumes da época, com o *Reino de Deus*. Na Palestina, o casamento apresentava-se em três etapas distintas: o compromisso, o noivado – que tinha força e validades legais – e o casamento, propriamente dito.

O ritual dos casamentos orientais requeria que o noivo fosse à casa da noiva e a trouxesse consigo para sua casa – normalmente, a casa dos pais do noivo. No percurso dessa trajetória, em vários pontos, amigos dos noivos se juntavam ao cortejo, para, no final, *entrar* na festa de casamento. E como tradição essa procissão era acompanhada também por dez mulheres virgens (jovens, solteiras, castas). Por que dez? Dez era o número que tornava a coisa completa. Uma companhia era considerada completa se dez pessoas estivessem presentes. Havia uma antiga lei judaica segundo a qual em qualquer lugar em que houvesse dez judeus podia-se construir uma sinagoga.[1]

Na ambientação da parábola o cenário mostra como figuras principais dez virgens, todas prontas para acender os seus archotes (lâmpadas), aguardando o noivo para acompanhá-lo até a sua residência, onde seria celebrada a cerimônia e realizada a festa nupcial. A parábola das dez virgens é a representação de toda criatura humana, no seu processo evolutivo. A vinda do noivo representa o instante de nossa passagem para o mundo espiritual.

Todas as dez tomaram suas lâmpadas e foram ao encontro do noivo, que vinha com a sua noiva. Essas lâmpadas eram propriedade pessoal de cada virgem, e cada uma delas era responsável pela devida preparação de sua própria lamparina. As lâmpadas, neste caso, eram simples vasilhas afixadas na ponta de um cabo que continham apenas uma pequena quantidade de azeite, com um pavio ou um retalho de pano de algum tipo. Essas lâmpadas eram necessárias nas ruas sem iluminação e escuras do Oriente. Todas queriam participar da grande alegria de boas-vindas ao casal de noivos. Para aquelas virgens, as suas lâmpadas significavam orientação, pois mostravam o caminho para a casa do noivo no meio das densas trevas da noite.

As dez virgens eram iguais, no traje, no tipo de lamparinas que levavam, todas cochilaram e dormiram com a demora da chegada do casal dos noivos e, naturalmente, todas foram despertas pelo grito: *Aí vem o noivo*. Mas a diferença entre elas começa aí. Externamente se igualavam, mas internamente se diferenciavam, em razão da falta de *azeite* para cinco delas.

O que se entende por falta de azeite nas cinco virgens? O azeite é símbolo de pureza espiritual ou experiência mística. Sua ausência é identificada como falta de auto-realização, em termos espirituais. Na literalidade denota-se que, as cinco virgens consideradas prudentes, proveram-se, com antecedência, do suprimento de azeite que iriam necessitar durante a cerimônia nupcial; tal providência não foi tomada pelas virgens néscias, que possuíam as lamparinas, mas não o necessário azeite para a caminhada até à casa do noivo.

Mas Jesus usava das parábolas para que fosse extraída a essência, isto é, o espírito do simbolizado materialmente. Vale dizer: na linguagem figurada, a distância entre as *prudentes* e as *insensatas* é muito grande. Não basta possuir lâmpadas; é preciso acendê-las, com o azeite da bondade, do amor, da simplicidade. E tem mais: não é uma luz que reflita apenas exteriorismo, sem qualquer base espiritual, apenas de fachada. É preciso que manifeste espontaneamente, como fonte divina dentro de si mesmo. Em outra parábola, contada por Jesus, a do *semeador*, essa ausência de experiência faz com que a criatura seja identificada como *não ter raiz*.

As virgens prudentes são semelhantes aos homens de bem, que esparzem o perfume da bondade, acumularam durante toda a vida o azeite, simbolizado nas boas obras. São bons, sem saber que o são, mas fazem todo o bem possível, até o limite de suas forças, sem segundas intenções. São felizes porque se sentem auto-realizados com o desabrochar de sua essência divina. Essas virgens são dotadas de suprimento de azeite, que não se transfere e não se vende a ninguém, não por egoísmo, mas porque se trata de experiência pessoal. Por outro lado, as néscias não conservaram suas lâmpadas acesas com o azeite das boas obras (trabalho, desapego, honestidade, gratidão e outras virtudes). Não aproveitando a reencarnação, retornam ao plano espiritual em situação de devedores.

Quando as virgens néscias perceberam que não tinham azeite – experiência espiritual –, correram às virgens sensatas (que se abeberaram na fonte divina), suplicaram que dividissem com elas o azeite que tinham. E as virgens prudentes negaram, não por egoísmo, e responderam: *"Não seja o caso que nos falte a nós e a vós, ide antes aos que o vendem e comprai-o"*. Na esfera pessoal da auto-educação, por mais que se tenha boa vontade, ninguém pode dividir com o outro a experiência conquistada. É preciso palmilhar, com o próprio suor, o caminho da busca e conquistar também os valores do Espírito. O *Reino de Deus* não se alcança com dinheiro. Podemos, dar orientações, amparar os necessitados, exemplos de vida, mas nunca dividir com o próximo o nosso azeite (virtudes).

O texto da parábola não diz que as néscias conseguiram comprar o azeite, mas tão-somente que as cinco virgens sensatas conseguiram junto com os noivos adentrarem no salão de festas e *"fechou-se a porta"*. No final da história conta-se que vieram as néscias e disseram: *"Senhor, Senhor, abre-nos a porta!"* Mas ele respondeu: *"Em verdade vos digo que não vos conheço"*. E concluindo, o Senhor respondeu: *"Portanto, vigiai, porque não sabeis nem o dia, nem a hora"*.

A vigilância é o tema central da parábola. Este ato implica o suprimento constante de azeite. No meio das tribulações do mundo a nossa luta será de fazer *brilhar a nossa luz*, pois, procurando despertar a força divina, em nosso interior, teremos sempre o azeite que produz luz. Vale dizer: estar sempre preparado para o momento de nossa mudança; não existe data marcada, tempo de vida etc... para essa passagem para o mundo espiritual. Muita gente diz que ainda não está na hora de pensar *nessas coisas*; é preciso primeiro *gozar* a vida e deixar essa preocupação para o futuro. Por essa razão Jesus nos adverte: *"Vigiai, porque não sabeis o dia nem a hora em que o Filho do Homem há de vir"*.

O *vigiai* neste contexto significa estar preparado, pronto, pois, não se sabe nem o dia nem a hora. Vale lembrar aqui a advertência de Jesus[2]: *"Mas Deus lhe disse: Louco, esta noite te pedirão a tua alma (...)"*. O texto nos sugere que essa *prontidão – fora da caridade não existe salvação*[3] – é estar atento para aproveitarmos todos os momentos que surgirem, para praticarmos o bem, sem discriminação de qualquer natureza. Esse mérito pessoal não pode ser transferido, e a porta uma vez *fechada*, só será aberta por nossos méritos pessoais, conquistando o *azeite*, nas outras etapas evolutivas.

Nesta linha de entendimento, como *"Deus não quer a morte do ímpio, mas sim a sua salvação"*[4], há de se concluir, que as cinco virgens néscias conseguirão também atingir a iluminação interior em outras etapas reencarnatórias. A porta fechada é simbolizada no ato de encerramento de uma de nossas várias existências corporais e a passagem para o mundo espiritual. Houve um atraso na chegada, mas como Deus nos criou *simples e ignorantes* (sem experiências), e que todos alcançarão a plenitude do Reino de Deus, fica na dependência de nosso livre-arbítrio o aprimoramento espiritual em mais ou menos tempo.

---

1 Parte dos ensinamentos sobre esta parábola contidas neste texto foram resumidas da obra *Todas as parábolas da Bíblia*. LOCKYER, Herbert., p.270-275.
2 Lucas, 12:20.
3 KARDEC, Allan, *O Evangelho Segundo o Espiritismo*, Cap. XV.
4 Ezequiel, 33:11.

## 6.6. A luz sob o alqueire

> "(...) Nem se acende uma lâmpada e se coloca debaixo de uma vasilha, mas no candelabro, e ilumina a todos que estão em casa". (Mateus, 5:15).

> "Ninguém, acendendo uma candeia, a cobre com algum vaso ou a põe debaixo da cama. Antes, coloca-a no velador, para que os que entram vejam a luz". (Lucas, 8:16).

Quando Jesus ensinava aos homens a conquista do Reino de Deus, procurou aproveitar-se de um símbolo material muito utilizado na época, o alqueire; era uma vasilha usada para medir cereais, contendo cerca de 8 litros. Afirma ele que: *"não se acende uma luz e se coloca debaixo do alqueire"*, para mostrar que todos nós, possuidores dessa luz, em estado potencial, temos a responsabilidade de fazê-la *atualizar*, esparzindo essa luz a todos os circunstantes.

Primeiramente exorta ele[1]: *"Vós sois a luz do mundo. Não se pode esconder uma cidade edificada sobre o monte"* para complementar em seguida: *"Nem se acende uma lâmpada e se coloca debaixo de uma vasilha, mas no candelabro, e ilumina a todos os que estão em casa"*.

A função da luz é iluminar. Ela existe para que se possa enxergar. Jesus primeiramente diz ser *"a luz do mundo"*, para em seguida, afirmar *"Vós sois a luz do mundo"*.

Não traz para si a idéia de que somente ele é luz, mas que também todo o ser humano é luz. É óbvio que a diferença entre Jesus e aqueles que o seguiam naquela época era grande. Ele já havia atualizado o seu potencial; vale dizer: ele já vivera muito, através das várias reencarnações e, após muitas caminhadas, conseguira a sua luz. Não há discriminação nas Leis de Deus. Não existem milagre e protecionismo a quem quer que seja. No entanto, cada um de nós, embora portadores da luz em potência, também haverá cada um de, não pela *graça*, mas pelo nosso trabalho e esforço no bem, fazer *brilhar* a sua própria luz.

Na caminhada evolutiva, em razão de nosso livre-arbítrio, tanto acertamos como erramos, pois não fomos criados perfeitos, mas com um potencial perfectível para *vir a ser*. Na expressão dos Espíritos[2], nascemos *"simples e ignorantes"*, isto é, sem conhecimento; fica clara a necessidade de cada um de nós buscar a perfeição, ou em outras palavras, desenvolver a nossa luz.

É da Lei Divina, portanto, a presença do erro – a que, no linguajar judaico-cristão, dá-se o nome de *pecado* – senão seríamos criados perfeitos. Preferimos dizer que, em razão de nossa falta de conhecimento, cometemos erros, que com o nosso próprio esforço, não se excluindo a ajuda externa, embora cada um seja o artífice do próprio desenvolvimento, haveremos de nos corrigir, até atingir a perfeição do *Reino de Deus* em nós. Paulo de Tarso é um exemplo típico de alguém que, após ter cometido inúmeros erros, inclusive sendo o responsável pelo apedrejamento de Estêvão[3], ser despertado pelo chamamento de seu Deus interior. Seu contato com Jesus, às portas de Damasco, mudou o norte de sua vida. Lutou até o fim de sua existência no desenvolvimento de seu Reino. Jesus também o convocou para o *brilhe a vossa luz*.

Ao afirmar que *"vós sois a luz do mundo"*, Jesus

convoca-nos para pensar positivamente. Podemos estar hoje ainda com manifestação de infelicidade, de angústia, de ansiedade etc.; porque ainda estamos exteriorizando as emoções do nosso ego, mas que podemos dar a volta por cima e, pelos esforços no bem, buscar a nossa essência divina. É questão de tempo. *"Conhecereis a verdade e esta vos libertará"*,[4] asseverou Jesus. Vale afirmar, portanto, por outras palavras, que o conhecimento é terapêutico, pois aquele que conhece adquire luz, liberta-se colocando-se na busca de novos horizontes da vida. A nossa luz encontra-se, muitas vezes, debaixo do alqueire, impedida de brilhar em razão das nossas condições espirituais, ainda deficitárias. É essa a convocação que Jesus faz, para que higienizemos a nossa mente, permitindo que a luz resplandeça e alcancemos a felicidade.

E ao conseguirmos o despertamento desta luz, sua irradiação não deve ficar restrita a nós, mas ser esparzida aos nossos companheiros de jornada. E é nesse momento de conscientização, que mais o homem se realiza espiritualmente, pois, no ato de doação, expande-se à auto-realização, daí a célebre frase de *O Evangelho Segundo o Espiritismo*, *"fora da caridade não há salvação"*.[5] Entendamos aqui, *salvação*, não como algo que está perdido, pois o Espírito, na sua caminhada, submete-se a um processo evolutivo e, que, pelo esforço próprio deverá desvelar sua luz debaixo do alqueire. Trata-se, portanto, de um processo de auto-educação, de redenção, de crescimento da alma. Poderíamos sob a óptica espírita afirmar que *fora da auto-educação não há a iluminação!*

1 Mateus, 5:14-15.
2 KARDEC, Allan. *O Livro dos Espíritos*, Q. 115.
3 "De mim para comigo, estou satisfeito. Considero o apedrejamento esperado (Estêvão, no caso) um dos feitos de mais importância para o futuro de minha carreira". Palavras de Paulo, no Livro, Paulo Estevão, psicografia de Francisco Cândido Xavier, ditado pelo Espírito de Emmanuel, p. 145.
4 João, 8:32.
5 KARDEC, Allan. *O Evangelho Segundo o Espiritismo*, cap. XV.

## 6.7. A uma rede de pescar

*"O Reino dos Céus é semelhante a uma rede lançada ao mar, e que apanha toda qualidade de peixes. E, estando cheia, a puxam para a praia; e, assentando-se, apanham para os cestos os bons; os ruins, porém, lançam fora".*
*(Mateus, 13:47-48).*

Aqui o *Reino dos Céus* é comparado a uma grande rede de pescar, que colhe enorme quantidade de peixes de vários tipos. Estando cheias, as redes são arrastadas à praia, onde os bons são separados e colocados em cestos, enquanto os maus são jogados fora. Eram utilizadas, naquela época, para pescaria, enormes redes quadradas, com pesos nas pontas, que lançadas ao mar permaneciam em posição vertical. Eram então arrastadas à praia e diferentes modalidades de peixes eram apanhados. Pode-se entender nessa seleção, a separação dos *peixes ruins* em razão de não serem comestíveis ou então em razão da própria proibição da lei judaica, que no Livro Levítico[1], proibia comer animais aquáticos que não possuíam escamas e barbatanas.

Da mesma forma que os peixes ruins são separados, assim ocorreria com as pessoas no final dos tempos. É claro que, considerando-se que o *Reino de Deus* manifesta-se no interior de cada pessoa, a seleção é realizada individualmente em nível das várias moradas da casa do

Pai, aprimorando-se através das múltiplas reencarnações. Saliente-se que as expressões *final dos tempos* ou *final do mundo*, devem ser entendidas no sentido figurado, pois se tratam de mudanças ocorridas em nosso ego, quando encontramos o EU subjetivo, ou divino, trocamos o velho proceder, por novas condutas, novos objetivos de vida.

Simbolicamente a *rede de pescar* pode ser comparada às Leis Divinas na consciência, uma vez que os atos realizados por todas as pessoas serão julgados no tribunal consciencial de cada um, de acordo com as obras realizadas. A cada existência estaremos numa determinada morada em nosso Reino; vale dizer, a cada *final dos tempos* (existências terrenas), pelas Leis Divinas, conquistaremos outras hierarquias de valores em nosso mundo interior.

Essa seleção não é feita, portanto, no final de cada existência no plano espiritual, de forma exterior, onde juízes severos iriam separando os bons e os maus; para estes, segundo o entendimento das religiões convencionais, haveria, eternamente, os *"horríveis choros e ranger de dentes"*, no tenebroso inferno, o que é inconcebível à luz do amor. No Antigo Testamento, no livro do profeta Ezequiel[2], encontramos: *"Deus não quer a morte do ímpio, mas que ele se redima e viva"*. Entenda-se a expressão utilizada por Jesus, *"choros e ranger de dentes"*, como o remorso, o sofrimento que cada um manifesta, de acordo com os atos praticados, quer na atual existência, quer no plano espiritual. Encaixam-se, neste caso, o sofrimento e a tortura mental do *homem rico*, em sofrimento no *inferno* de sua própria consciência, diante de Lázaro, na conhecida parábola[3].

As Leis Divinas, simbolizadas na rede, representam a presença de Deus, atuando de *forma indireta* em nossas consciências, traduzindo-se na Justiça Divina, em cada criatura. Na caminhada do processo evolutivo, em razão de nosso livre-arbítrio, cometemos atos bons e maus. Se praticarmos o bem, estaremos em sintonia com as Leis Maiores. Jesus, no Sermão do Monte, aponta que serão bem-aventurados (felizes) os bons, os misericordiosos, os pacificadores, os simples, os humildes e aqueles que amam o próximo como a si mesmos.

Quando, porém, cometemos ações infelizes, há uma comunicação imediata, como se ligasse um fio condutor a uma usina geradora, neste caso, com as Leis Divinas, gerando débitos ao infrator. Somos tomados, mesmo sem perceber, nem sempre no mesmo momento, de angústias e tristezas avassaladoras. Quando paramos e meditamos sobre nossos atos, conseguimos, à medida que desenvolvemos a nossa capacidade perceptiva, buscar a gênese do problema. Às vezes cometemos atos de imprudência contra o nosso irmão. A solução é buscar corrigir o ato indevido cometido. Por isso, Jesus recomenda que: *"Se trouxeres a tua oferta ao altar, e aí te lembrares de que teu irmão tem alguma coisa contra ti, deixa diante do altar a tua oferta, vai primeiro reconciliar com o teu irmão; depois vem, e apresenta a tua oferta"*[4] . É claro que, dependendo da gravidade do ato praticado e não havendo possibilidades de correção imediata, em certos casos levamos conosco para ressarcimento em outra existência reencarnatória.

---

1 Levítico, 11:10-11.
2 Ezequiel, 33:11.
3 Lucas, *Parábola do Rico e Lázaro*, 16:19-31.
4 Mateus, 5:23-24.

## 6.8. A uma criança

> "Deixai vir a mim os pequeninos, e não os impeçais, porque o reino de Deus é daqueles que se lhe assemelham. Em verdade vos digo que quem não receber o reino de Deus como uma criança, de maneira nenhuma entrará nele".
> (Marcos, 10:14-15).

Larry W. Hurtado[1], analisando o Evangelho de Marcos, comenta que "o contexto da declaração de Jesus, de que a pessoa deve *"receber o Reino de Deus como criança, refere-se à situação cultural dos tempos de Jesus, em que as crianças dependiam totalmente da vontade dos adultos, destituídas que eram de todo o valor, sem peso legal ou social, e, por isso, impossibilitadas de reivindicar tratamento condigno"*.

O que Jesus tem em mente é essa posição objetivamente humilde que devemos cultivar entre os nossos semelhantes, razão pela qual afirma que a pessoa deve assumir essa posição "como criança". Todo aquele que imagina que pela posição social que ocupa, ou pela religião que professa, receberá pela *graça* o *Reino de Deus*, está longe de entender o desenvolvimento desse reino. É pelo reflexo da humildade em nossos corações, trabalhando e servindo a benefício de todos, que espelhamos o *Reino de Deus* em nosso interior.

Assim, quem quer ser o maior deve estar disposto a

colocar-se na posição de *servo* (a palavra *criança* no aramaico e no grego também pode significar *servo*, e reflete a idéia prevalecente de que as crianças deveriam portar-se como servos de seus pais), desempenhando papéis que, muitas vezes, poderia ser considerado como aviltante.

Não entendendo bem o sentido do *Reino de Deus*, que Jesus pregava aos seus discípulos, Tiago e João pediram que, assim que este fosse conquistado, pudessem sentar próximo ao seu trono, um de cada lado (entendendo como um trono material, que certamente Jesus assumiria). Nas cortes antigas das realezas, as pessoas escolhidas para sentar-se nessas posições eram as mais poderosas do reino. Os dois discípulos requerem posição de destaque no reino de Jesus. Em resposta, o Mestre corrige as ambições de Tiago e João, mostrando que dentre os seus seguidores *"o maior é o que se faz servo de todos"*.

A exortação do Cristo é para que os discípulos assumam o papel da criança, já que esta funciona como símbolo do companheiro de discipulado. Dar boas-vindas a **uma criança como esta** significa tratar com honradez os demais discípulos, assumindo o papel de servo perante eles. *"(...) qualquer que entre vós quiser ser grande, será o que vos sirva, e quem entre vós quiser ser o primeiro será servo de todos. Pois o Filho do homem não veio para ser servido, mas para servir e dar a sua vida em resgate de muitos"*.[2]

Desse modo, a declaração exortatória para que todos os discípulos sejam como um *servo* é seguida de algo que se poderia chamar de trocadilho (*"se alguém quiser ser o primeiro, será o último e servo de todos"*, lançando em seguida mão de uma criança, colocando no meio deles) com a palavra criança, conclamando todos os seguidores de Jesus a tratarem bem quaisquer crianças/servos. As palavras *em meu nome*, da parábola, significam algo como *por amor de mim*, e deixam claro que as crianças de que Jesus está falando são os seus seguidores.

Allan Kardec[3], referindo-se a essa passagem em que Jesus, diante de algumas crianças, afirma que *"o Reino de Deus é para os que se lhe assemelham"*, evidencia a importância da pureza de coração, destacando a sintonia necessária entre a simplicidade e a humildade. O Reino de Deus é para aqueles que se assemelham à criança, tomando a infância como emblema dessa pureza.

Aparentemente, essa comparação, do ponto de vista da doutrina da reencarnação, poderia estar fora de sentido, porque muitas vezes o Espírito da criança pode estar repleto de imperfeições, em razão das existências passadas, e não teria nada de pureza. No entanto, comparando-se à vida presente, a criança sempre manifesta nas primeiras idades a aparência de inocência, mesmo porque ainda não teve oportunidade de manifestar suas tendências instintivas. Por essa razão, Jesus, segundo o texto de Marcos, não disse que *"o reino de Deus era para elas, mas para os que se assemelhassem"*.

O Espírito, pois, enverga temporariamente a túnica da inocência, encontrando-se adormecidas as idéias que formam o fundo de seu caráter; daí a importância da força da educação durante a fase da infância. Foi por isso que Jesus, sem embargo da anterioridade da alma, toma a criança por símbolo da pureza e da simplicidade.

De certa forma há convergência entre os conceitos de Larry W. Hurtado e Allan Kardec sobre a interpretação dessa parábola, pois a senha para o Reino de Deus é a humildade. Seja no simbolismo de se tomar uma criança, seja no sentido de criança significar também *servo*, objetiva ensinar a todos, "(...) *que quem quiser ser grande, será o que vos sirva, e quem entre vós quiser ser o primeiro será servo de todos. Pois o Filho do homem não veio para ser servido, mas para servir e dar a sua vida em resgate de muitos"*.

1 HURTADO, Larry W, *Novo Comentário Bíblico Contemporâneo*, p. 175.
2 Marcos, 10:43-45.
3 KARDEC, Allan. *O Evangelho Segundo o Espiritismo*, Cap. VIII.

## 6.9. Aos trabalhadores da vinha

> *"Porque o Reino dos Céus é semelhante a um dono de casa que saiu de madrugada para assalariar trabalhadores para a sua vinha"*. (Mateus, 20:1).

A parábola dos trabalhadores da *última hora* pertence à classe daquelas consideradas *difíceis* de interpretação, já que compara o *Reino dos Céus*, onde tudo é justiça, com uma situação aparentemente injusta: a remuneração igual para jornadas de trabalho desiguais. Não obstante a dificuldade de interpretação, a parábola contém alguns indicativos que ligam os personagens da história com o *Reino dos Céus*: O pai de família (Deus); a vinha (o Universo); os trabalhadores (os seres humanos); o trabalho na vinha (o trabalho no bem); as horas (qualquer período de tempo) e o salário (a felicidade).

Pelas leis trabalhistas atuais, certamente, o empregador da parábola, pela conduta discriminatória, estaria em maus lençóis, pois seria levado à Justiça do Trabalho para pagar salários iguais aos trabalhadores que cumpriram a mesma função, na mesma localidade e laboraram por horas diferenciadas. No entanto, a parábola conta que o senhor da vinha remunerou com igual valor os trabalhadores que fizeram tarefas desiguais. Pela literalidade do texto haveria, portanto, uma tremenda injustiça.

O sentido de que o crescimento depende do esforço de cada um, em razão de sermos dotados de livre-arbítrio, faz-nos lembrar do cantor nacional, Geraldo Vandré, ao expressar que *"quem sabe faz a hora, não espera acontecer"*. Está por conta de nossa vontade adiantar ou atrasar a nossa evolução espiritual.

Allan Kardec ensina que[1] *"(...) o próprio homem pode deduzir do princípio da soberana justiça, atributo essencial da Divindade, que todos procedem do mesmo ponto de partida; que todos são criados simples e ignorantes, com igual aptidão para progredir pelas suas atividades individuais; que todos atingirão o grau máximo da perfeição com seus esforços pessoais; que todos, sendo filhos do mesmo Pai, são objetos de igual solicitude; que nenhum há mais favorecido ou melhor dotado, do que os outros, nem dispensado do trabalho imposto aos demais para atingirem a meta"*.

Tem havido muitas controvérsias entre os intérpretes do Evangelho, sobre o sentido de quem são os **primeiros** e quem são os **últimos**. Para entendermos essa parábola temos que buscar o seu sentido intrínseco, pois, no dizer de Paulo[2], *"a letra mata, o espírito vivifica"*; do ponto de vista espiritual, jamais haverá discricionariedade nas Leis Divinas. Nada de salário maior a uns, sem esforço, e salário menor para os autênticos trabalhadores. O salário na realidade é a recompensa, isto é, a felicidade de que desfruta a criatura que descobriu o *Reino de Deus* em si mesmo de modo que não há favorecimento a uns em detrimento de outros, *"já que nenhum há mais favorecido, ou melhor, dotado do que os outros, nem dispensado do trabalho imposto aos demais para atingirem a meta"*.

Ensina o Espírito Emmanuel[3] *"O trabalho começado nesta reencarnação pode ser mais proveitoso e profícuo, em relação aos outros companheiros de jornada. Não enxergamos a caminhada já percorrida, os valores conquistados, os talentos desenvolvidos, as experiências já adquiridas. O despertar pode ter sido agora"*. A facilidade para se resolver problemas difíceis em menor tempo é chamado pelos leigos de *dom* de Deus, o que, na realidade, é produto de experiências adquiridas em existências várias, manifestadas nas *vocações*. Esse é o grande diferencial entre os trabalhadores das *últimas horas* e *primeiras horas*.

Como todos nós partimos do mesmo ponto, *"simples e ignorantes, isto é, sem experiências"*[.4], com a mesma potencialidade divina para progredir, só alcançaremos a perfeição máxima pelo esforço pessoal. O salário (felicidade) que se recebe pelo trabalho de auto-aperfeiçoamento é idêntico para todos os espíritos. A igualdade dos *pagamentos*, que cada trabalhador de boa-vontade recebe, reflete a bondade divina, que valoriza tudo aquilo que venhamos a fazer na obra do bem. Um exemplo de expressiva beleza é ressaltado por Jesus na *oferta da viúva*: *"Esta viúva pobre depositou no gazofilácio* (caixas especiais de oferta) *mais que todos os ofertantes. Todos deram do que lhes sobrava, mas esta, da sua pobreza deu tudo o que tinha, todo o seu sustento depositou"*.[5] Uns se adiantam, pela ação positiva no bem, outros ficam na retaguarda, pela ação negativa, no mal, na ociosidade. No entanto, independente de quando houve o despertamento, a felicidade será alcançada por todos, através da vivência no bem.

Daí subentender-se que, o que está implícito na parábola é a *qualidade* do serviço prestado pelos que assumiram as atividades nas *últimas horas* e não a *quantidade*; o que importa não é o volume de trabalho, mas sua qualidade. Deve-se destacar ainda a perseverança até o fim. Os trabalhadores que laboraram menos horas fizeram jus ao mesmo salário daqueles que trabalharam desde o nascer até o pôr do sol. Motivo: produziram mais. Ora, no processo evolutivo, muitos necessitam de mais reencarnações para que ganhem o salário da felicidade, isto é, o encontro com o EU divino, gravado em nossa consciência; muitas vezes, na caminhada, muitos começaram nas *primeiras horas*, mas se perderam pela *porta larga* da ilusão, repleta de comodidades; não obstante, apesar de muitos haverem tido menos reencarnações, entraram pela *porta estreita*, "(...) *é apertada, e poucos são dos que acertarão com ela*", aproveitando mais o tempo; começaram nas *últimas horas*, mas foram mais persistentes no aproveitamento do tempo e por isso encontraram primeiro o caminho do *Reino de Deus*.

À qualquer hora do dia pode-se iniciar o trabalho do auto-aprimoramento do Reino dos Céus na intimidade de cada um e, quanto mais se trabalha, mais desabrocham recompensas salariais (felicidade). No entanto, é lícito admitir que os trabalhadores das *primeiras horas* (que pela literalidade da parábola serão os últimos) também chegarão ao alvo, senão nesta, mas em outras existências, pois, segundo a imparcial justiça divina, todos atingirão a condição de *Espíritos Puros*, ficando o momento da consecução deste objetivo proporcional ao seu grau de esforço.

Destacamos, finalmente, a advertência do proprietário, quando foi questionado pelos trabalhadores das *primeiras horas*, com referência a terem recebido o mesmo salário dos trabalhadores das *últimas horas*: "*Não me é lícito fazer o que me apraz do que é meu? Acaso o teu olho é mau, porque eu sou bom? Assim os últimos serão os primeiros, e os primeiros serão os últimos*". Ora, na realidade o diálogo trava-se nos escaninhos da alma (EU superior e o ego), simbolizados nos trabalhadores da *primeira hora*. Estando o *Reino de Deus* dentro do próprio homem, percebe-se que os valores que ainda sobressaem em suas vidas são aqueles vinculados à inveja, ao ciúme, ao egoísmo. Estão preocupados com aqueles, aqui chamados de trabalhadores da *última hora*, que souberam aproveitar o tempo, cresceram em espírito, tendo conquistado na hierarquia do Reino de Deus, os valores do trabalho, da humildade, da honradez e da perseverança.

Os trabalhadores das últimas horas já encontraram o caminho do *Reino de Deus* e continuam lutando para o seu constante aperfeiçoamento. Allan Kardec[6] alerta que *"Reconhece-se o verdadeiro espírita pela sua transformação moral e pelos esforços que faz para eliminar suas más tendências"*; nesse caso, universalizando o conceito, podemos entender como o *momento* em que o ser atinge sua *conscientização* [7], sendo extensivo a todos. A aquisição da consciência – independe da cultura intelectual, da filosofia e da crença a que se filia – é um estágio da evolução em que o ser é capaz de discernir entre o bem e o mal, o certo e o errado, o que é lícito e o que é irregular. A transformação moral e o esforço que cada um faz por eliminar suas más tendências são reflexos da *conscientização* do ser, em seu empenho contínuo, na busca da perfeição. Dessa forma, todos que demonstram modificação em sua conduta moral e lutam para eliminar as más tendências instintivas denotam o despertar do *ser consciente*.

Poderíamos comparar o verdadeiro *espírita* aos trabalhadores da *última hora*, que encontrando o diamante dentro de si, não obstante conhecedores das imperfeições de que ainda são portadores, transformam-se moralmente e esforçam-se para eliminar suas más tendências. Já os trabalhadores das *primeiras horas* simbolizam aqueles que ainda estão vinculados exclusivamente aos interesses do mundo objetivo, voltados ao terra-a-terra, construindo casa sobre areia; daí, no dizer de Jesus[8], "(...) *vieram as chuvas, transbordaram os rios, sopraram os ventos, batendo com violência sobre ela, sendo grande a sua ruína desabando-a sem base, sem raiz, e que a qualquer vento cai"*.

1 KARDEC, Allan. *A Gênese*, Cap. 11, item 7.
2 2 Corintios, 3:6.
3 XAVIER, Francisco Cândido. *O Consolador*, Q. 43.
4 KARDEC, Allan, *O Livro dos Espíritos*, Q. 114.
5 Lucas, 12:43-44.
6 KARDEC, Allan, *O Evangelho Segundo o Espiritismo*, Cap. XVII, item 4.
7 Conforme já nos referimos no cap. 6.3.
8 Mateus, 7:27.

## 6.10. Ao Joio e o Trigo

> "*O Reino dos Céus é semelhante ao homem que semeia boa semente no seu campo. (...) Colhei primeiro o joio, e atai-o em molhos para o queimar; mas o trigo ajuntai-o no meu celeiro*". (Mateus,13:30)

O joio, segundo o dicionário Aurélio, é uma gramínea nociva que cresce caracteristicamente nas plantações de trigo, e chega a atingir 80cm de altura. É de folhas lineares e ásperas, flores mínimas, associadas em espiguetas que formam espigas, e tem um princípio tóxico. No sentido figurado significa coisa daninha, ruim, que surge entre as boas e as corrompe.

Aparentemente, esta parábola, como tantas outras ensinadas por Jesus, caracteriza-se como um absurdo, contrária ao bom senso, pois jamais se pode imaginar que um agricultor, após semear o trigo, instrua os seus empregados para que não cuidem de extrair as ervas daninhas (estas crescendo no meio da plantação tiram a força da planta impedindo que produzam em abundância). Mas, como Jesus usava apenas de um símbolo material, temos que buscar a essência do texto para entender o seu sentido espiritual.

A pedido dos discípulos, após despedir-se da multidão, o próprio Jesus dá explicação do joio no campo:[1]

* O que *semeia* a boa semente é Jesus.

* O *campo* é o mundo da Humanidade.

* As *boas sementes*, neste caso, o trigo, são os homens que estão lutando pela melhoria íntima, isto é, aqueles que se esforçam pelo desenvolvimento dos bens espirituais.

* O *joio* é simbolizado por aqueles que ainda não despertaram para a prática do bem e ainda estão presos, tão-somente aos desejos materiais, semeando discórdia entre os semelhantes; entende-se também como as tentações do mundo, simbolizado pela *porta larga*.

*A *ceifa* é o momento da morte, não física, mas do *homem velho*, não importando em que época isto se dê, se nesta ou noutra existência, ou mesmo no plano espiritual. É tomada de consciência do Espírito, em sua caminhada evolutiva, para a busca de uma nova programação de vida, passando a compreender que a felicidade é conseqüência do progresso que cada um realiza.

* Os *ceifeiros* são todos aqueles Espíritos, encarnados (pais, professores, orientadores religiosos, psicólogos etc...) ou desencarnados que, embora não executem por nós, ajudam-nos ou facilitam o despertar do reino do homem bom. O joio, depois de colhido, será lançado na fornalha de fogo, onde haverá prantos e ranger de dentes.

* *fornalha* e o *ranger de dentes* são expressões simbólicas. O estado de consciência da criatura devedora é o de viver o seu *inferno* interior (*inferi*, do latim = inferior); queima-se de angústia, tristeza e remorso pelos atos praticados em desarmonia com a Lei de Deus. Abandona-se a liberdade

da *porta larga*, para iniciar a luta da passagem pela *porta estreita*.

Não é definitiva a permanência do Espírito na condição de *joio*, mas temporária, até que pelo livre-arbítrio, a criatura resolva mudar de rumo e comece uma nova etapa evolutiva. Vale aqui relembrar a sentença do profeta Ezequiel[2], do Antigo Testamento, que *"Deus não quer a morte do ímpio, mas que ele se redima e viva"*.

Ao ser alertado pelos servos de que o inimigo havia semeado o joio durante a noite, orientou Jesus: *"Deixai crescer ambos juntos até a ceifa"*, pois Deus sabe que na vivência terrena os maus ao conviverem com os bons terão motivações que os ajudarão a repensar a jornada e se auto-educarem. De outro modo: às vezes aquele que exterioriza o mal, assim o faz por ainda não entender o ato praticado, por isso que não existe o *pecado*; não obstante, há de se convir que *"Deus não leva em conta os tempos de ignorância"*.[3] Só com tempo, e no momento de maturidade espiritual, a criatura se conscientizará de sua situação angustiosa, e será atraída pela prática do bem, não por imposição, mas por ato voluntário de espontânea liberdade.

Embora a parábola apresente o problema do mal, a mistura do mal com o bem é uma condição normal que encontramos em todas as atividades humanas, quer no lar, no trabalho, no governo; o verdadeiro e o falso estão sempre conosco. O bem ou mal é conseqüência do bom ou mau uso de nosso livre-arbítrio.

Fomos criados na simplicidade e ignorância (imperfeitos) e só alcançaremos a plenitude do *Reino de Deus* na condição de "Espíritos Puros", após inúmeras existências. Se erramos, é porque temos o livre-arbítrio, mecanismo dado por Deus para *sermos os artífices de nossa evolução*. Ninguém nasce perfeito, sem exceção alguma. Temos a potencialidade para atualizar. Todos os grandes Espíritos iluminados que vieram à Terra ajudar a Humanidade na sua evolução também percorreram o mesmo caminho, inclusive Jesus. Se não fosse assim, Deus nos teria criado perfeitos. Não haveria erro. E não é isso que vemos? Vamos atingir a maturidade física, deixar o corpo que não mais dá condições de habitação do Espírito; mas não iremos para nenhum inferno ou para nenhum céu paradisíaco. O binômio *errar / acertar* faz parte do processo evolutivo do Espírito. É o procedimento empírico do Espírito.

O Espiritismo não aceita a existência do céu ou do inferno, como um local geográfico e circunscrito. Vamos para o plano espiritual quase sempre ainda repletos de erros e imperfeições, e só a possibilidade de um novo retorno, tantos quantos necessários, nos dará condições de continuar *queimando* o joio (erva daninha de nosso eu) até a purificação do Espírito.

Daí a razão por que Jesus asseverou que *"O Reino dos Céus é semelhante ao homem que semeia boa semente no seu campo"*.

---

1 Mateus, 13:36-43.
2 Ezequiel, 33:11.
3 Atos, 17:30.

## SEGUNDA PARTE

# SOBRE O NASCER DE NOVO

## 1. Reino de Deus e o nascer de novo

> "Naturalmente, há muitos renascimentos em uma mesma existência. A cada momento o ser psicológico renova-se, quando trabalhado pelos valores éticos e libertado da sombra que o confunde, constituindo esse esforço uma nova existência de conquistas e transformações a que se submete". (Divaldo/Joanna de Ângelis, *Jesus e o Evangelho à luz da psicologia profunda*, p. 41).

Após nossa reflexão sobre o sentido do *Reino de Deus*, nosso objetivo agora é analisar, de forma racional, *sem fé cega*, a necessidade do *nascer de novo*, como condição *sine qua non* para a conquista desse reino. Vale relembrar alguns pontos importantes, já analisados sobre o Reino de Deus, para então entendermos porque ele só é alcançado por aqueles que *nascem de novo*.

\* Ele não vem com aparência exterior.

\* Está latente dentro de cada um.

\* As expressões *Reino de Deus* ou *Reino dos Céus* são sinônimas.

* É um estado de felicidade proporcional ao grau de perfeição adquirida.

* Não é patrimônio de religião alguma.

* Deve consistir numa hierarquia de valores que integram a natureza humana.

* Atingir a plenitude do *Reino de Deus* é atingir a condição de *Espírito Puro*, na classificação de Kardec, em *O Livro dos Espíritos*.

* Este Reino é o EU Superior que governa o ser humano.

* Todo ser humano o possui em estado potencial.

* É ele *semelhante* a uma *"semente"*, a uma *"pérola preciosa"*, a um *"tesouro escondido"* etc...

* Só se desenvolve no homem pela prática espontânea do bem.

* É um estado de purificação da alma, edificada por si mesma, através das inúmeras vivências físicas.

* Sua conquista é lenta e vai depender do esforço de cada um.

* Esse *Reino de Deus* ou *Governo de Deus* em nós é um processo de desenvolvimento que não importa se a criatura está na Terra ou no Plano Espiritual.

* As *"muitas moradas da Casa do Pai"* são,

principalmente, os vários estágios psicológicos em que o Espírito, em sua caminhada evolutiva, estagia para atingir a plenitude desse Reino, além da transmigração do Espírito em diversas casas físicas do Universo.

\* O *"sede perfeitos"*, ou a plenitude do *Reino de Deus*, recomendado por Jesus, é a meta de toda criatura.

\* É impossível adquirir todas as virtudes necessárias pela *unicidade de existência* (uma única existência corporal) na conquista do *Reino de Deus*.

\* Pela *pluralidade das existências* (reencarnação) o Espírito evolui gradativamente, através de vários estágios, até atingir a condição de Espírito Puro, ou seja, o *"brilhe a vossa luz"*, recomendado por Jesus, que é ápice do crescimento desse *Reino dos Céus*.

O *nascer de novo* pode ser entendido sob duplo sentido: um, referindo-se evidentemente a uma nova **reencarnação**, o nascimento do Espírito num novo corpo, como condição *sine qua non* para o desenvolvimento das potencialidades inerentes a cada pessoa; outro, no sentido psicológico, necessidade de se *renovar* ou *nascer de novo* em todos os momentos de vida, educando-se para conquistar o *Reino de Deus*. Desenvolveremos inicialmente, tópicos sobre a *unicidade da existência* (existência única) e *pluralidade das existências* (reencarnação), para refletirmos sobre os aspectos psicológicos, do *nascer de novo*.

## 2. A unicidade das existências

> "Se a sorte do homem fosse irrevogavelmente fixada após a morte, Deus não teria pesado as ações de todos na mesma balança e não os teria tratado com imparcialidade".
> (Comentários de Kardec, Q. 171, de O Livro dos Espíritos).

Por mais que se tenha uma existência longa na Terra, jamais conseguiremos, ao final de uma única jornada, atualizar todas as potencialidades latentes; ora, como o *Reino de Deus* é um processo, e para seu desenvolvimento o Espírito percorre muitas existências, ao longo dos milênios, ora no corpo físico, ora na condição de Espírito desligado de um corpo material, sua conquista é lenta e quase imperceptível. Jamais numa única existência se atingirá a plenitude do Reino de Deus.

As Igrejas dogmáticas defendem a *unicidade das existências*, isto é, o homem vive apenas uma vida; é criado no momento da concepção e depois de morrer, no chamado juízo final, terá apenas dois caminhos: irá para o chamado *céu*, se for bom e, conseqüentemente, para o *inferno*, se for mau. Há ainda a linha que defende que o *morto* fique no túmulo, aguardando a vinda de Jesus, quando haverá a ressurreição. A questão fica fechada, sem possibilidade de a criatura de se redimir diante dos erros cometidos na existência.

O céu e o inferno, pela óptica da unicidade das

existências, são admitidos como locais geográficos e circunscritos; não se trata de *estados de consciência*, como ensina o Espiritismo. Seus líderes anunciam que, de acordo com a conduta, uns irão para o *céu* e outros, para o *inferno*. Nesta linha de entendimento, parece lógico que o *Reino de Deus* seja um lugar determinado, chamado paraíso, onde estaria Deus rodeado dos bons, em *"dolce far niente"*. Os pecadores, pobres deles, têm como único destino o apregoado inferno, local destinado às almas que cometeram faltas no plano terreno. Fala-se ainda de um lugar intermediário, onde se cumprem penas temporárias após a morte: o purgatório; o purgatório não existe nem na Bíblia. Trata-se de uma invenção da Religião Católica, concretamente do papa Gregório I, em 593 e que veio a ser aprovada no Concílio de Florença de 1439 e confirmada no Concílio de Trento em 1563. No entanto, Deus é soberanamente bom e justo, não quer obviamente a chamada pena eterna. Aliás, *"Deus não quer a morte do ímpio, mas sim que ele se converta e viva"*, na expressão do profeta Ezequiel.[1]

Interessante que, dentro da linha do pensamento da Igreja Católica, enquanto muitos membros de suas lideranças continuam amedrontando seus fiéis, falando em *céu, inferno, purgatório*, como locais geográficos, seu líder máximo, o Papa João Paulo II, em pronunciamento recente no Vaticano, dá outra versão, dizendo: *"O céu não é o paraíso nas nuvens nem o inferno é aterradora fornalha. O primeiro é uma situação em que existe comunhão com Deus e o segundo é uma situação de rejeição. O purgatório, contudo, não é um mero estado de espírito, como o são o céu e o inferno, mas uma condição de vida –* "aquele*s que, depois da morte, vivem nesse estado de purificação, já estão imersos no amor de Cristo, que lhes tira todos os resíduos de imperfeição"*.[2]

Para o Papa, a condenação eterna não é obra de Deus,

mas apenas o resultado das nossas ações atuais. Focalizando o destino eterno da alma nas boas ou más obras presentes ou de súplica futura, reduz a questão da eternidade a um menor estado de espírito ou condição de vida, negando existência real e física dos lugares do céu e do inferno. Os seguidores das igrejas reformadas não gostaram nem um pouco do pronunciamento do Papa, pois continuam insistindo na existência real de tais locais, com base na leitura literal da Bíblia.

O Espiritismo desde sua codificação ensina que, o *céu* e o *inferno* não são lugares físicos e reais, mas *estados de espírito*. O céu e o inferno são estados d'alma, ou por outra, são produtos da projeção do pensamento humano. E sua conquista, como temos salientado, é fruto do trabalho de cada criatura na prática do bem. Em plena era do progresso científico, moral e social, as idéias de céu e inferno não correspondem à lógica e ao bom senso. No passado, pela ignorância que até então predominava entre os homens pregavam-se essas concepções filosóficas, para amedrontar e trazê-los sob o jugo dominador dos interesses religiosos. Mas agora no alvorecer do 3º Milênio, tais pregações não podem ser mais admitidas sem questionamentos oportunos e salutares...

---

1 Ezequiel, 33.11.
2 Correio da Manhã de 29.07.99 e Jornal de Notícias de 05.08.99.

# 3. Pluralidade das existências: Reencarnar é preciso!

> *"Donde venho? De eras remotíssimas,*
> *das substâncias elementaríssimas,*
> *emergindo das cósmicas matérias.*
> *Venho dos invisíveis protozoários,*
> *da confusão dos seres embrionários,*
> *das células primevas, das bactérias".*
> (Augusto dos Anjos, F.C.Xavier, Parnaso de Além Túmulo)

A pluralidade das existências é a justiça de Deus manifestada em sua Lei Eterna. Essa pluralidade corresponde às inúmeras vidas sucessivas, em que a alma estagia, desde sua criação, até atingir a condição de Espírito Puro. É a chamada lei da reencarnação. É o *nascer de novo*, como condição indispensável para atingir o *Reino de Deus*.

Para o Espiritismo, o homem é o resultado de um longo processo de maturação do princípio espiritual; o princípio inteligente habita todos os seres da Criação a partir dos mais ínfimos, percorrendo toda a escala dos seres inferiores, até atingir a escala superior; o princípio inteligente manifesta-se nos reinos mineral, vegetal, animal e desperta no reino hominal. De acordo com as tradições milenares, *dormimos no mineral, agitamos no vegetal, sonhamos no animal e acordamos no homem*. Com a conquista do livre-arbítrio, surge o *ser psicológico*.

Note-se que Kardec diferencia *espírito* (**e** minúsculo) de *Espírito* (**E** maiúsculo). Na questão 23, de O Livro dos Espíritos, pergunta: Que é o espírito? R. *"É o princípio inteligente do universo"*. Já na questão 76, a pergunta é: Como definir os Espíritos? *"São seres inteligentes da criação"*. Note-se que a palavra Espírito (**E** maiúsculo) é empregada para designar os seres extracorpóreos (quando atingiram a escala hominal, dotados de livre-arbítrio) e não mais, como espírito, o elemento inteligente Universal (presentes em todos os seres da natureza).

Lúcida é a colocação de Rúbens P. Meira[1], ao afirmar que *"assim como o germe sintetiza todo o organismo que dele surgirá; como a Vida sempre retorna ao gérmen para começar de novo em outra forma, repetindo o ciclo percorrido em toda precedente evolução, também o homem resume em si todas consciências inferiores"*. É por esta razão que *"Deus criou os espíritos simples e ignorantes, isto é, sem experiências"*[2], e porque todos *"passam de uma ordem inferior para a superior, e que são eles próprios, os espíritos, que se melhoram"*.[3]

Com a desagregação das moléculas que compõem o corpo físico, no fenômeno da morte, o Espírito continua a viver, mantendo sua própria identidade, voltando a *nascer de novo* em outro corpo, trazendo como bagagem o seu acervo evolutivo, submetendo-o a um novo processo vivencial, diferente do anterior.

Esta é a diferença substancial entre o Espiritismo e as crenças espiritualistas e religiosas, como o Judaísmo, o Islamismo, Catolicismo, as Igrejas Reformadas, que atribuem o surgimento primeiramente do homem, e depois da mulher, já prontos, mais ou menos, tais como as formas atuais.

A Doutrina Espírita nos mostra a necessidade de progredir do Espírito, como condição de desenvolvimento do potencial divino. Vejamos um resumo às perguntas de Kardec aos Espíritos superiores, salientando as transmigrações progressivas:

(...) *"Em sua origem, a vida do Espírito é apenas instintiva. Ele mal tem consciência de si mesmo e de seus atos. A inteligência só pouco a pouco desabrocha"*.[4]

Quanto ao estado da alma em sua primeira encarnação, (...) *"é o da infância na vida corpórea. Sua inteligência apenas desabrocha: ela ensaia para a vida"*.[5]

O Espírito cumpre essa primeira fase, (...) *"Numa série de existências que precedem o período que chamais de humanidade"*.[6]

Ao serem questionados por Kardec, se a alma teria sido o princípio inteligente dos seres inferiores da criação, os Espíritos explicam: *"Não dissemos que tudo se encadeia na natureza e tende para a unidade?"* É nesses seres, que estais longe de conhecer inteiramente, *"é que o princípio inteligente elabora, se individualiza pouco a pouco, e ensaia para a vida"*. É de certa forma, um trabalho preparatório, como o da germinação, por efeito do qual *"o princípio inteligente sofre uma transformação e se torna Espírito"*. É então que começa para ele *"o período da humanidade, e com este a consciência do seu futuro, a distinção do bem e do mal e a responsabilidade de seus atos"*.[7]

*"(...) Enquanto ensaiam para a vida, antes que tenham plena consciência de seus atos e estejam no gozo pleno do livre-arbítrio, atuam em certos fenômenos (...)"*. *"(...) É assim que tudo serve,* que *"se encadeia na natureza, desde o átomo primitivo até o arcanjo, que também começou por ser átomo"*.[8]

Comentando essa caminhada evolutiva, até se atingir a escala superior, assevera Durval Ciamponi,[9]:

*"Esta idéia de progressão é incessante, isto é, não cessa,*

*porquanto de experiência em experiência, através dos séculos e milênios, cada criatura vai conhecendo sempre mais a respeito da verdade e com o conhecimento dessa verdade ele se libertará da influência da natureza animal, intensa nos mundos primitivos (infância espiritual) e nula nos mundos celestes, quando os Espíritos puros se libertam da influência da matéria".*

Quando Jesus aborda, *"Sede perfeitos como vosso Pai celestial é perfeito"* [10], como condição para alcançar o *Reino de Deus*, isto só pode ocorrer num processo evolutivo, por meio de inúmeras experiências reencarnatórias, através dos séculos e milênios, da alma peregrina. No entanto, a perfeição aqui entendida, deve ser *relativa*. Kardec, no dizer de Camille Flammarion, *o bom senso encarnado*, comenta n'*O Evangelho Segundo o Espiritismo*[11], que, se fosse tomada ao pé da letra a expressão, *"faria supor a possibilidade de atingirmos a perfeição absoluta"*, quando somente Deus possui a perfeição absoluta e se a criatura também a possuísse estaria em igualdade de condições com Deus, o que é inadmissível. Diz mais: que Jesus *"se limitou a lhes apresentar um modelo e dizer que se esforçassem para atingi-lo"*.

Pela *unicidade de existência* procura-se apenas *acomodar* o raciocínio, buscando *apoio* na interpretação literal dos ensinos bíblicos, como sói acontecer nas religiões dogmáticas. Precisamos buscar o espírito da letra. Dá para aceitar, pela lógica e honestidade de pensamento, que no final de uma existência, já estamos *puros de coração* para atingirmos o *Reino de Deus*? A pureza de coração, que nos garante a felicidade, só será conseguida na vida futura.

Neste sentido, comenta Durval Ciamponi[12]: *"Interpreta-se ao pé-da-letra as palavras do Mestre, 'meu reino não é deste mundo', pondo-se aí um desideratum final para a alma, como se não houvesse inter-relação entre os dois reinos"*.

A pureza de coração é um processo lento que se consegue num *continuum* de experiências, seja no plano terreno, seja no plano espiritual. Poderíamos, por analogia, tomar como símbolo a espiral, que nunca fecha; daí a perfeição relativa na busca de Deus.

Neste sentido, inteligente é a analogia que faz José Aparecido Sanches[13], companheiro de nosso Grupo de Estudos, que compara a lenta e gradativa caminhada do Espírito em busca da plenitude da conquista de seus potenciais intrínsecos (*Reino de Deus*), *"a uma película cinematográfica, onde cada fotograma corresponderia a uma encarnação, sendo quase imperceptíveis as mudanças de quadro para quadro (encarnação para encarnação). Sendo assim, do ponto de vista do plano espiritual, somente após várias experiências (vários fotogramas da película), se perceberia uma substancial mudança (evolução)"*.

Fica mais fácil deduzir Deus como soberanamente justo, que, de forma indireta, através de suas Leis, dá a todos o mesmo ponto de partida, isto é, que tendo nos criado simples e ignorantes (imperfeitos), com igualdade de aptidões – todos somos detentores da partícula divina – para progredir, mediante o esforço individual, não haverá discriminação e todos atingirão, dependendo do esforço de cada um, com mais ou menos tempo, a perfeição. Dentro desta óptica, os pecadores (os que erraram) de hoje, serão Espíritos perfeitos amanhã. Em função do livre-arbítrio, a perfeição é questão de tempo, mas todos chegarão lá. Não é pela *graça* nem por *milagres, mas "a cada um segundo suas obras"*, no dizer de Jesus.

1   MEIRA, Rúbens P. *O Perispírito*, p. 46.
2   KARDEC, Allan. *O Livro dos Espíritos*, Q. 115.
3   Op. cit., Q. 114.
4   Op. cit., Q.189.
5   Op. cit.,Q. 190.
6   Op. cit., Q. 607.
7   Op. cit., Q 607-a.
8   Op. cit., Q. 540.
9   CIAMPONI, Durval.*Reflexões Sobre As Bem Aventuranças*, p. 72.
10  Mateus, 5:48.
11  Idem, *O Evangelho Segundo o Espiritismo*, Cap. XVIII, item 2.
12  Op. cit., p. 24.
13  *Boletim Informativo*, Centro Espírita João Batista e Nosso Lar, de Jacarezinho, n.º 228, março/03.

# 4. A reencarnação é criação do Espiritismo?

*"Semeia-se corpo animal, ressuscitará corpo espiritual. Se há corpo animal, há também corpo espiritual" (Paulo. Cor. 15:44).*

Embora muitos digam, por *má fé* ou por *falta de conhecimento*, que a reencarnação seja uma invenção do Espiritismo, não é verdade. Allan Kardec ensina[1] que o conceito da pluralidade das existências corpóreas não é novo; trata-se de *"uma doutrina que nasceu nos primeiros tempos do mundo e que se conservou até os nossos dias, no pensamento íntimo de muitas pessoas"*; os Espíritos que participaram da obra da Codificação apresentam a reencarnação, sem as superstições, e de uma forma mais racional e de conformidade *"com as leis progressivas da Natureza e mais em harmonia com a sabedoria do Criador"*.

Mesmo antes da publicação de O Livro dos Espíritos, onde a reencarnação passa a ter ampla divulgação, sendo considerada princípio fundamental do Espiritismo, inúmeras comunicações de Espíritos foram obtidas em várias partes do mundo, por diversos médiuns, ensinando o renascimento de forma sucessiva da alma, até atingir a escala máxima de evolução.

Alguns até dizem, inclusive, que a crença na reencarnação é irreconciliável com o Cristianismo. Depende do Cristianismo que se está falando; esse cristianismo, cujos livros receberam enxertias, para se adaptar aos interesses dos donos do poder temporal? É claro que o Espiritismo não está preso à idéia de *salvação* pela graça; um salvador, a idéia de ressurreição, sem qualquer comprovação científica. Aliás, é bom que se diga que o Espiritismo se baseia nas Leis Naturais, sendo, portanto, universal, e essas leis atuam independente de nossa vontade ou filiação a crenças religiosas.

A idéia da reencarnação já era divulgada por Buda e Confúcio aos seus profitentes por volta de 500 a. C.; mesmo antes deles, já o Xintoísmo, religião de maior número de adeptos no Japão, aceita a reencarnação em sua doutrina.

Sócrates, embora não tenha deixado nada escrito, disseminou suas idéias através de seu discípulo, Platão, nos séculos IV e V a.C.; e a reencarnação era a base de seus ensinamentos. É difícil discernir o que era só de Sócrates, pois tivemos muitas especulações filosóficas acrescentadas por Platão. Entre tantos conceitos sobre reencarnação, na introdução do *Evangelho Segundo o Espiritismo*, afirmam eles que "*O homem é uma alma encarnada. Antes de sua encarnação, ela existia junto às modelos primordiais às idéias do verdadeiro, e do bem; deles se separa em se encarnando e, recordando seu passado, sente-se, mais ou menos atormentada pelo desejo de a eles retornar*".

No início do Cristianismo, vamos encontrar a figura de Orígenes, teólogo da Igreja grega, tendo vivido nos anos de 185 a 254, bem como outras autoridades eclesiásticas de destaque, que eram defensores da reencarnação, como recurso necessário para a evolução do Espírito.

O Sínodo de Constantinopla publicou no ano 538, um Edito, em que foram excomungados, infelizmente, todos esses defensores da multiplicidade das existências. A sentença era estendida a todos que pregavam a existência da reencarnação. Daí para frente a Igreja sepulta de vez a idéia da reencarnação.

Embora divulgada por Pitágoras, na Grécia, o Espiritismo não aceita a doutrina da metempsicose, que é retorno do Espírito para corpos de animais; a alma jamais retrograda, pois uma vez tendo atingido a condição de Espírito (E maiúsculo), adquire o livre-arbítrio e só reencarna em corpo humano. Para a Doutrina Espírita, a reencarnação é estudada sob o ponto de vista racional.

O Espírito mantém sua individualidade ao deixar o corpo físico; no estado de erraticidade (plano espiritual), aguarda o momento para voltar em nova existência e dar continuidade ao seu progresso.

Se há uma doutrina capaz de resolver o "porquê" das diferenças individuais desde o nascimento, esta é o Espiritismo. Deus, na sua justiça, não poderia criar almas mais perfeitas e outras menos perfeitas; seres nascidos na riqueza e na opulência e outros na miséria; uns inteligentes e outros com retardamentos mentais. Deus seria injusto se criasse as criaturas com tantas desigualdades. Pela unicidade de existências, essas desigualdades seriam marcadas no momento do nascimento.

De outro modo, basta que aceitemos a pluralidade das existências, isto é, a reencarnação, para que tudo simplifique. As desigualdades assinaladas entre as criaturas são frutos da conduta inferior de cada um, nas existências anteriores. Jesus asseverou: *"Sereis julgados por vossas obras"*. Muitos afirmam que o Espiritismo se baseia, ao pregar essa tese, na pena de talião – *olho por olho, dente por dente*, da lei mosaica; ora, pelo princípio da reencarnação, a volta ao corpo não tem nada de punibilidade para o Espírito, como alguns afirmam, mas é uma condição inerente à inferioridade do

Espírito, e um meio para progredir, sendo, portanto, uma conseqüência da lei do progresso. Ninguém renasce para sofrer, mas para evoluir. O sofrimento surge no roteiro da existência, em razão da imperfeição da criatura.

Kardec tecendo comentários lúcidos sobre a reencarnação, afirma[2]: "*Um filósofo disse que, se Deus não existisse, seria necessário inventá-lo para a felicidade do gênero humano; o mesmo se poderia dizer da pluralidade das existências*".

Muitas pesquisas são realizadas na atualidade sobre a reencarnação, através da terapia da regressão de memória. Destaca-se, no momento, o psiquiatra e neurologista de renome, formado pela *Columbia University*, Brian L. Weiss, autor de vários sucessos, entre outros: *Muitas vidas, muitos mestres, Terapia das Vidas Passadas, Só o amor é real, A divina sabedoria dos mestres.* A pesquisa do Dr. Brian – informe-se que ele não é espírita – vem desvendando através do trabalho psiquiátrico a comprovação de que muitos problemas atuais manifestados nesta vida se vinculam às vidas passadas.

---

1 KARDEC, Allan. *O Livro dos Espíritos*. Q. 222.
2 Op.cit., Q. 222.

## 4.1. Finalidade da reencarnação

*"A encarnação não é uma punição para o Espírito, como alguns têm pensado, mas uma condição inerente do Espírito, e um meio de progredir". (Kardec, A Gênese, XI, 26).*

Em *O Livro dos Espíritos*, Kardec aborda as respostas dos Espíritos[1], bem como comenta sobre essa finalidade.

*"Uma vez criados simples e ignorantes, a finalidade da encarnação é a de levar os Espíritos à perfeição; tem ainda por finalidade colocar o Espírito em condições de enfrentar a sua parte na obra da criação e nesse processo de concorrer com a obra da criação, também progride".*

O crescimento da alma, quando encarnada na Terra, é adquirido através das experiências que enfrenta, no lar, no trabalho, na escola, enfim em toda a vida de relação. Já que cada um é o artífice de sua própria aprendizagem, é no enfrentamento das diversas experiências que se burilam as imperfeições, amplia-se entendimento e promove-se o progresso na escala evolutiva.

A encarnação é necessária a todos, pois é encarando com denodo e galhardia as lutas e tribulações da vida corporal que todos progridem; não há privilégios na Lei de Deus, tampouco o chamado *jeitinho*; só se alcança a felicidade através do esforço pessoal e do trabalho desinteressado, dedicado ao bem espontâneo. Dessa forma a conquista da perfeição é proporcional ao trabalho de cada um.

Conquistando a condição de Espírito, dotado, portanto, do livre-arbítrio, vai depender da vontade de cada um enfrentar com paciência e resignação as barreiras que são encontradas pelo caminho; no entanto, podemos tomar rumos diferentes e nos acovardar, deixando para depois o ensejo da melhoria, atrasando o nosso processo evolutivo.

A finalidade da encarnação não pode ser entendida nunca como uma punição para os Espíritos, como às vezes se propaga, mas uma condição que é inerente à situação de inferioridade do Espírito, e um modo de progredir.

*"À medida que o Espírito progride moralmente, ele se desmaterializa, isto é, se subtrai à influência da matéria, se purifica; sua vida se espiritualiza, suas faculdades e sua percepção se ampliam; sua felicidade está na razão do progresso realizado. Mas, como ele age em virtude de seu livre-arbítrio pode, por negligência ou má vontade, retardar o progresso; por conseqüência, prolonga a duração de suas encarnações materiais, as quais então se tornam para ele uma punição, pois que, por sua culpa, permanece nas fileiras inferiores, obrigado a recomeçar a mesma tarefa. Depende, pois, do Espírito, abreviar a duração de suas encarnações mediante seu trabalho e de purificação de si mesmo"*[2].

A finalidade da reencarnação é sempre o progresso. Cada um encontra-se num estágio evolutivo e muitas vezes erra por ignorância. Sabe-se, todavia, que temos que lutar para controlar as nossas paixões inferiores, como o ódio, a vaidade, o ciúme, o orgulho, procurando desenvolver os bons sentimentos, laborar na causa dos semelhantes, ajudando-os a enfrentar suas dificuldades. Se assim agirmos, estaremos despindo-nos das nossas inúmeras imperfeições e, assim, iremos enriquecendo nosso interior com admiráveis qualidades morais e espirituais, daí resultando a nossa verdadeira felicidade eterna.

O Codificador[3], demonstrando que o objetivo da encarnação é sempre o progresso explica que "*os Espíritos podem permanecer estacionários, mas nunca retrogradam; sua punição, pois, é a de não avançar e ter que recomeçar as existências mal empregadas no meio que convém à sua natureza*". Isto quer dizer, o que a alma adquiriu no campo do espírito, como: amor, fraternidade, inteligência etc., não perde jamais. Pode renascer na Terra em situação social diferente, adversa, com muitas dificuldades, mas o que já adquiriu passa a pertencer ao seu patrimônio de conquista pessoal, intransferível e permanente.

---

1 KARDEC, Allan, *O Livro dos Espíritos*, Q. 132-133.
2 Idem, *A Gênese*, Cap. XI, item 26.
3 KARDEC, Allan, *O Livro dos Espíritos*, Q. 178-a.

## 4.2. Justiça da reencarnação

> "(...) Por isso que Deus, que é soberanamente justo e bom, concede ao Espírito do homem tantas existências quantas sejam necessárias para atingir o objetivo, que é a perfeição". (Kardec, O Céu e o Inferno, cap. III, 9).

Kardec, resumindo[1], aborda que, partindo do princípio da Soberana Justiça, que é um dos atributos essenciais da Divindade:

* Temos um mesmo ponto de partida;

* Todos são criados *"simples e ignorantes, isto é, imperfeitos"*, com condição igual para progredir mediante sua atividade individual;

* Todos atingirão o grau de perfeição compatível com a criatura, através de seus esforços pessoais;

* Todos sendo filhos de um mesmo Pai, são objetos de igual solicitude;

* Não há nenhum favorecido ou mais bem dotado que os demais, e dispensado do trabalho que seria imposto a outros para atingir seu alvo.

Como não há favorecimento a nenhum dos seus filhos, Deus sempre haverá de conceder novas oportunidades àqueles que erraram, nesta ou em outras existências corporais. Não se concebe dentro da Justiça Divina condenar para sempre um filho seja lá pelo motivo que for. Esse é o sentido da unicidade das existências, que sela para sempre o destino do homem no final de uma encarnação. Todos hão de atingir a perfeição, uns primeiros, outros depois, mas todos atingirão o alvo da pureza espiritual.

A Justiça Divina atua *através de suas Leis, gravadas em nossa consciência"*.[2] Quando nos desviamos do caminho reto, o código divino é acionado na nossa própria intimidade e o desequilíbrio emocional toma conta de nossa conduta, quer seja em forma de tristeza, angústia ou ansiedade, acarretando-nos infelicidade. Os recursos necessários para a volta à normalidade, isto é, para nossa recuperação, estão gravados nas leis naturais. Temos, portanto, com o arrependimento sincero e a correção de nosso rumo, o perdão, não de Deus, de forma exterior, mas, de forma indireta, implícito nas suas leis. Esse perdão, no entender de Hermínio C. Miranda,[3] *"não nos repõe em estado de pureza instantânea por um passe de mágica ou graça divina; ele apenas – e já é muito – nos coloca de novo no trilho e diz: agora vá e repare o mal que praticou"*.

Entendendo Deus, atuando em nós, de forma indireta, através de suas leis, fica fácil entender que o seu Reino está liberado a todos nós, bastando o cumprimento dos seus postulados. Essas leis estando interiorizadas em nossa intimidade, agem independente de acreditarmos ou não, de sermos filiados a uma religião ou não. Isto não quer dizer que não devemos estar filiados a uma organização religiosa. Longe disso. As religiões são instrumentos que podem ajudar a criatura a encontrar-se. Cada um, de acordo com o seu estágio evolutivo, escolherá aquela que melhor possa atender os seus anseios. No entanto, não é a prática ritualística ou litúrgica da religião que assegura a conquista do Reino de Deus, pois sua realização depende do cumprimento das leis. Se errarmos (saímos da casa do Pai), existe um mecanismo de *alerta* nessas leis que nos obrigam ao retorno (voltar à casa do Pai). É a idéia que nos transmite a parábola do "*Filho Pródigo*", contada por Lucas em seu Evangelho.

---

1 KARDEC, Allan. *A Gênese*, Cap. XI, item 7.
2 Idem, *O Livro dos Espíritos*, Q. 621.
3 MIRANDA, Hermínio C. *Cristianismo: a mensagem esquecida*, p. 145.

## 4.3. Como as religiões cristãs vêem a reencarnação.

> *"Temos que resgatar a postura religiosa que os tempos modernos deixaram para um segundo plano, não no sentido dogmático ou doutrinário, mas sim no sentido de re-ligare, de re-encontro com nossa fonte de inspiração e de amor". (Paulo Gomes de Toledo Filho. Humanização, Amorc Cultural, n.º 17, p. 13).*

A reencarnação como lei natural é imanente em todo o ser humano, ocorrendo, portanto, quer queiram ou não as religiões. Não é ela uma criação do Espiritismo. Os dogmáticos (católicos e evangélicos) criticam acerbamente a reencarnação, dizendo que esta doutrina é abertamente anticristã; *"ou se é espírita ou se é cristão!"*

A Revista Ultimato[1] gastou *muita tinta e folhas de papel* na sua confecção, para descaracterizar o Espiritismo da linha cristã, mostrando que há antagonismo entre Cristianismo e Espiritismo. E a revista, ao que se sabe, foi enviada para todos os Centros Espíritas do Brasil, certamente buscando a *salvação* dos seus seguidores! Procuram eles de todos os meios descaracterizar a Doutrina Espírita como religião cristã, alegando que o Espiritismo nega:

\* A autoridade sagrada das escrituras.

* A divindade de Jesus.
* O nascimento virginal de Jesus.
* O perdão dos pecados.
* As penas eternas.
* A salvação pela *graça* de Deus.

E ainda, não é religião cristã:

* Porque blasfema contra Jesus e ensina que ele era o resultado de uma longa cadeia de reencarnações.
* Porque aceita a reencarnação.

E aí, que diz o caro leitor: se tomarmos como parâmetro as afirmações acima, será que pertencemos ao clube dos cristãos? Como aí está, sob uma interpretação literal, sem qualquer lógica, ausência de base racional, calcado em *fé cega*, diria como um famoso artista em conhecido programa de televisão: *"Tô fora!"*

O Espiritismo, com base nas leis universais, tem a **chave,** calcado na razão, para interpretar não só as religiões cristãs, mas também o Judaísmo, o Budismo, o Xintoísmo, o Islamismo, e demais crenças, e só aceitar, na expressão de Kardec, *"o que passa pelo crivo da razão"*.

Atente-se para o detalhe de que o Codificador, o bom senso encarnado, elaborou O *Evangelho segundo o Espiritismo* e não o *Espiritismo segundo o Evangelho*. Dividiu as matérias contidas em cinco partes:

1. Os atos comuns da vida do Cristo;
2. Os milagres;
3. As profecias;
4. As palavras que serviram para o estabelecimento dos dogmas da Igreja;

5. O ensino moral.

Todas as querelas e discussões contra o Espiritismo, apresentadas acima, pelos articulistas da citada revista, encontram-se nas quatro primeiras partes. A última parte permanece inatacável. Diante deste código moral, todos os cultos podem encontrar-se. Para os homens em particular é uma regra de conduta, que abrange todas as circunstâncias da vida pública e privada, o princípio de todas as relações sociais fundadas na mais rigorosa justiça.

Complementando, diz mais Kardec que, embora todo o mundo admire a moral evangélica, poucos conhecem a fundo o seu conteúdo e sabem tirar as suas conseqüências; o que levou Paulo a asseverar: *"a letra mata, mas o espírito vivifica"*.[2] (...) Para evitar inconvenientes, o codificador reuniu n' *O Evangelho Segundo o Espiritismo*, trechos que podiam constituir-se num código de moral universal, sem distinção de cultos. (...) Muitas passagens dos Evangelhos, da Bíblia e dos autores considerados sagrados, são em geral ininteligíveis, e mesmo parecem absurdas, por falta de uma **chave** que nos dê o seu verdadeiro sentido.

Poderíamos contraditar todas as incoerências da revista, apontadas acima, todavia, limitamo-nos, para não desviar do objetivo deste texto, à análise da reencarnação nos Evangelhos.

Pela ótica racional, sem fé cega, convidamos o leitor, com espírito desarmado e usando da inteligência e do bom senso, a analisar conosco apenas duas afirmações feitas pela revista, destacadas na capa:

*"A reencarnação deixa o fardo todo nas costas do devedor. Ele que se vire. A salvação transfere o fardo para os ombros de Jesus Cristo"*.

Para onde a razão nos encaminha ao analisarmos a afirmação acima: colocar nos ombros de outro a salvação, sem qualquer esforço pessoal, é muita inocência, é comodismo puro. Quer dizer, diante dos obstáculos, ao invés de ir à luta (aquele que perseverar até o fim vencerá, disse o Mestre) joga-se nos ombros de Jesus e fica-se na ociosidade! Dá para aceitar uma coisa dessa? Isso é ser cristão? Que facilidade para desenvolver o Reino de Deus no interior de cada um: erra-se, arrepende-se, mas não se pode deixar de pagar o dízimo, e deixa-se tudo por conta de Jesus.

A reencarnação nos dá a possibilidade – sem as idéias de castigo ou de premiação de Deus, mas tão-somente as conseqüências de nossas ações – de progredirmos, corrigindo nossos erros avançando na escala evolutiva para alcançar a felicidade. É muito mais racional entender que somos espíritos eternos e que a correção de nossos erros é que nos direciona para a paz interior, ao invés de salvação gratuita.

*"A reencarnação transfere o devedor de cadeia em cadeia neste e em outros mundos. A salvação retira o pecador da cadeia antes que ele morra".*

A salvação pela graça ou pela fé é um atentado contra a Justiça de Deus, pois suas leis são isentas de discricionariedade e privilégios. Deus é soberanamente bom e justo e *"cada um será julgado por suas obras"*, afirmou Jesus. Cada criatura é o operário de seu próprio progresso. A reencarnação não transfere ninguém de cadeia em cadeia, nasce-se em vários corpos, até se atingir a condição de Espírito Puro. Não basta dizer que se aceita Jesus, que se tem fé, se não se luta pela própria evolução.

Sobre a fé *sem obras* asseverou Tiago: *"Se tivermos fé poderão objetar-nos: — Dizeis que tendes fé, e eu só tenho obras, boas ações. Pois bem! Que valor terá tudo isso? É exatamente o que sucede com a fé sem obras correspondentes – inútil e morta"*.[3] Acreditar que apenas *ter fé* basta para ser *salvo*, é o mesmo que pretender conquistar um título acadêmico, sem estudar!

O que é melhor aos olhos de Deus: aquele que tem apenas fé contemplativa, ou o ateu que ama o próximo e apiada-se dele? Para Deus vale mais aquele que trabalha na obra do bem.

---

1 Revista Ultimato, edição n.º 270, de maio/junho-01, da Associação Evangélica Brasileira.
2 Paulo, 2 Corintios, 3:6.
3 Tiago, 2:18.

## 4.4. A reencarnação segundo o Evangelho

> "O que é nascido na carne é carne e o que é nascido do Espírito é espírito". (João, 3:6).

A reencarnação, como vimos, é combatida pelas religiões dogmáticas, com críticas sem fundamento, com argumentos que não resistem a uma análise mais profunda embasada na razão e no bom senso, que se enquadre na justiça de Deus. Jesus não utilizou a palavra *reencarnação* nos seus ensinamentos, mas o conceito em si era do conhecimento de seus discípulos. Vamos trazer algumas citações dos Evangelhos, que nos *sugerem* reencarnação:

### Jesus interroga os discípulos

Jesus questiona os discípulos: "*Quem dizem os homens ser o Filho do homem? Responderam-lhe: Uns dizem: João Batista; outros, Elias; e outros Jeremias, ou um dos profetas*".[1] Pela resposta dada pelos discípulos, excetuando João Batista (que era contemporâneo de Jesus), percebe-se que eles, ao tentar identificar Jesus com alguns dos profetas do passado, vinculados à vida religiosa do povo hebreu, referiam-se a que uma das pessoas citadas poderia ter reencarnado na pessoa de Jesus.

### Sacerdotes e levitas interrogam João Batista

"*Perguntaram-lhe: Então, quem és? És tu Elias?*" [2] (...). Como os sacerdotes e levitas poderiam perguntar a João Batista, se ele era Elias? Só tendo familiaridade com a reencarnação, pois pensavam que Elias poderia ter voltado no corpo de João Batista, já que havia previsão de sua volta.

### Passagem sobre o cego de nascença

Quando Jesus ia passando, viu um homem, cego de nascença. "*Os discípulos perguntaram: Rabi, quem pecou, este ou seus pais, para que nascesse cego? Jesus respondeu: Nem ele pecou nem seus pais, mas isto aconteceu para que se manifestasse nele as obras de Deus*"[3]. Naturalmente, perguntando quem pecou para que ele nascesse cego, está claro que eles estavam relacionando o sofrimento atual do corpo, com os atos cometidos em vida passada.

### Elias, a reencarnação de João Batista

(Após a transfiguração). E os discípulos lhe perguntaram dizendo: Pois por que dizem os escribas que importa vir Elias primeiro? Mas ele, respondendo, lhes disse: "*Elias certamente há de vir, e restabelecerá todas as coisas; digo-vos, porém que Elias já veio e eles não o conheceram, antes fizeram dele quanto quiseram. Então os discípulos compreenderam que de João Batista é que ele lhes falara*".[4] Aí está, com todas as letras, que João Batista foi a encarnação de Elias.

Veja agora a interpretação dogmática e literal do texto

acima feita por um pastor evangélico:

"Se reencarnação é um corpo com o espírito de outro que já morreu, João não podia ser reencarnação de Elias; pois Elias, segundo o texto bíblico, não morreu: **foi tomado vivo e** *"subiu ao céu num redemoinho"*[5]. Para admitir sua reencarnação, teríamos que afirmar o inaceitável, que Elias, após subir vivo ao céu, sem passar pela morte na Terra, tenha morrido no céu, para se reencarnar em João".

Dá para aceitar um imbróglio deste, pautado numa interpretação ilógica, que não passa pelo crivo da ciência e da razão: **subir em corpo e alma para o céu!** É a fé mística, sem qualquer suporte científico. Aceite-se se quiser!

### Célebre diálogo de Jesus com Nicodemos

> *"(...) Jesus respondeu: Na verdade, na verdade te digo, que aquele que não nascer da água e do Espírito, não pode entrar no Reino de Deus. O que é nascido da carne é carne, mas o que é nascido do Espírito é Espírito. Não te maravilhes de eu te dizer: Necessário é vos nascer de novo". (João, 3:5-7).*

A palavra do Mestre, neste diálogo com Nicodemos, sugere-nos, claramente, o entendimento de que está falando de reencarnação, mas como o *nascer de novo* pela reencarnação tem por objetivo a evolução da alma em atendimento à lei do progresso, podemos ainda, por extensão, dizer que durante as várias existências reencarnatórias o Espírito tem que *nascer de novo* (renovar), em todas as oportunidades da vida para desenvolver o Reino de Deus.

Vários foram os personagens da história bíblica, que ao reencarnarem, naquela época, com determinada missão, *nasceram de novo*, isto é, transformaram radicalmente suas vidas, de tal sorte que tiveram um novo nascimento, pois passaram a agir de forma totalmente diversa daquela, que então, possuíam, como o caso de Paulo de Tarso, Maria de Magdala, Zaqueu etc...

Na parte do diálogo em que Jesus disse: *"O que é nascido da carne é carne e o que é nascido do Espírito é Espírito"*, interpreta-se com suficiente clareza a idéia do *nascer de novo* na carne, ou seja, reencarnar. O nascimento na carne é um fenômeno biológico, semelhante ao que ocorre nos animais e o nascimento do Espírito é um fenômeno próprio dos seres humanos e ocorre pela reencarnação.

Saliente-se, porém, que o Espírito tem sua gênese no *princípio espiritual*, fazendo, a partir daí, toda uma trajetória evolucionista através dos reinos inferiores da natureza, até atingir o estado hominal, onde passa a ocupar sucessivamente vários corpos humanos com o objetivo de progredir ética, moral e intelectualmente. Isto é realizar em si o *Reino de Deus*.

A reencarnação é uma lei universal. Disse um filósofo que se não existisse, precisaria inventá-la, pois sem ela, no dizer de Emmanuel[6] *"a existência terrena representaria um turbilhão de desordem e injustiça; à luz de seus esclarecimentos, entendemos todos os fenômenos dolorosos do caminho"*.

Deus é misericórdia e quer que todos os seus filhos alcancem, o Reino de Deus – a regência do nosso mundo interior pelas leis divinas – por isso sua correção é sempre pautada no amor. Ao invés de pena eterna, sem remissão, apregoada pelos defensores da *unicidade da existência,* permite que os infratores de Suas leis reencarnem em nova roupagem e retornem ao palco da existência terrena e se reconciliem uns com os outros.

---

1 Mateus, 16:13-14.
2 João, 1: 21.
3 João, 9:1-2.
4 Mateus, 17:10-13.
5 2 Reis, 2: 11.
6 XAVIER, Francisco C. *Caminho, Verdade e Vida*, p. 235.

## 5. O nascer de novo durante as reencarnações

> "De um ponto de vista psicológico, sem prejuízo da análise reencarnacionista, que é óbvia e coerente, podemos entender 'o nascer de novo', como a necessidade de renovação interior. (...) o renovar-se, ou renascer a cada dia, como a necessidade de tornar consciente o inconsciente". (Adenáuer Novaes, Psicologia do Evangelho, p. 44).

A explicação de um ângulo psicológico, independente do sentido reencarnacionista, que é racional e revela a Justiça Divina para com as suas criaturas, o *nascer de novo* – única visão entendida por todos os adeptos da unicidade da existência, contrário, portanto, à reencarnação, colocando como destino inexorável do homem, após a morte física, o céu ou o inferno – deve ser interpretado no sentido de *renovação* ou *renascimento*, todos os dias.

Pela pluralidade das existências, o Espírito *nasce de novo* na carne (reencarna-se), tantas vezes quantas necessárias. Porém, de nada adiantaria o homem *nascer de novo* no corpo, se não se preocupasse com o *nascer de novo* em todos os momentos da vida, corrigindo suas más tendências, suas imperfeições morais, aprimorando seus conteúdos íntimos? Aliás, o grande objetivo da reencarnação é o progresso da alma. Corrigir sempre, *nascer de novo*, isto é, reprogramar, continuamente, toda vez quando se defronta com o erro.

Ratificando essa idéia da necessidade de alcançar o progresso concreto em cada reencarnação, os Mentores Superiores alertaram de forma clara e didática de que *a encarnação precisa ter fim útil*"[1]. Em outras palavras, é preciso que, ao *nascer de novo* no físico, se dê o direcionamento útil à encarnação, *nascendo de novo* no bem, diariamente.

Uma analogia bem simples é a do estudante que ingressa num curso superior, após se submeter a um vestibular e não se dedica à aprendizagem da ciência escolhida. Ora, ao *nascer de novo* (reencarnar-se), o Espírito ingressa na grande escola da vida e tem como objetivo aprimorar as qualidades já exercitadas e, ao mesmo tempo, renovar-se diante das atitudes negativas, os hábitos perversos incorporados nas vidas passadas e nesta.

Referindo-se a esse *nascer de novo* – nascimento psicológico do ser – durante as reencarnações, Joanna de Ângelis[2], diz que "*Naturalmente, há muitos renascimentos em uma mesma existência. A cada momento o ser psicológico renova-se, quando trabalhado pelos valores éticos e libertado da 'sombra' que o confunde, constituindo esse esforço uma nova existência de conquista e de transformações a que se submete*".

Inúmeras personagens da história bíblica, dentre tantos outros, tiveram o seu *nascer de novo*:

\* Paulo de Tarso, depois de perseguir os cristãos, nos primeiros tempos do Cristianismo nascente, *nasceu de novo* às portas de Damasco, no célebre encontro com Jesus; depois de completamente renovado asseverava, já como *vaso escolhido*: "*Já não sou eu quem vive, mas o Cristo é quem vive em mim*". [3]

\* Maria Madalena, depois do encontro com Jesus, foi libertada de obsessores que a afligiam dolorosamente; arrebatada pelas palavras de Jesus, repleta de amor, renunciou aos gozos da Terra, *nascendo de novo*, seguindo os passos do Galileu, tornando-se uma de suas mais célebres seguidoras, até o seu retorno ao mundo espiritual.

\* Zaqueu, o odiado cobrador de impostos, é outro personagem que, após o encontro com Jesus, *nasceu de novo*. Jesus, ao vê-lo em um sicômoro, ordenou: *"Zaqueu desce depressa, pois hoje devo ficar em tua casa"*. "Senhor, darei a metade dos meus bens aos pobres, e se defraudei a alguém, restituo-lhe o quádruplo". Era muito mais do que prescrevia a lei judaica e a romana. E Jesus lhe respondeu, falando evidentemente também para a multidão: *"Hoje a salvação entrou nesta casa, pois ele também é um filho de Abraão; o filho do Homem veio encontrar e salvar o que estava perdido"*.[4]

Durante muito tempo julgamos que seríamos felizes desenvolvendo, apenas, a inteligência, mas, "de nada vale desenvolver o QI (Quociente de inteligência), esquecendo o QE (quociente espiritual/emotivo); de nada vale desenvolver a inteligência, esquecendo-se de educar as emoções".

Adenáuer Novaes[5], referindo-se ao mecanismo do *nascer de novo*, ensina que (...) *"explicar a reencarnação é uma das atribuições dos divulgadores espíritas, porém resolver seus problemas íntimos, oriundos desta, e principalmente, de outras reencarnações, significa espiritualmente renovar-se, isto é, nascer de novo"*.

Dotada do livre-arbítrio, a criatura é dona de seu próprio destino, construído através de várias experiências reencarnatórias. Kardec ouve dos Mentores Sublimes, em pergunta formulada em O Livro dos Espíritos, que podemos mudar nossas provas, as nossas dificuldades, *"porque só o desleixado, permanece no mesmo ponto"*. [6]

O chamamento dos orientadores espirituais é claro: *"Fatal, no verdadeiro sentido da palavra, só o instante da morte"*.[7] Justificar os erros atuais, colocando a culpa no *karma negativo* é esquecer os ensinamentos de Jesus: *"Podeis fazer tudo o que eu faço e muito mais; Vós sois deuses; Vós sois luzes; Se tiverdes fé do tamanho de um grão de mostarda nada vos será impossível"*.

A renovação é assim uma lei do progresso. Tudo evolui, seja o reino mineral, o animal, o vegetal e o hominal.

Analisando essa linha psicológica do *nascer de novo*, como necessidade imprescindível para que, com a reencarnação, o Espírito aproveite todas as oportunidades para educar-se, Emmanuel, comentando o capítulo 3:3, de João[8] (*"Aquele que não nascer de novo não pode ver o Reino de Deus"*), traz lúcido comentário, atualíssimo nos dias de hoje.

Ei-lo:

## Renasce agora

"A própria Natureza apresenta preciosas lições, nesse particular. Sucedem-se os anos com matemática precisão, mas os dias são sempre novos. Dispondo, assim, de trezentas e sessenta e cinco ocasiões de aprendizado e recomeço, anualmente, quantas oportunidades de renovação moral encontrará a criatura, no abençoado período de uma existência?

Conserva do passado o que for bom e justo, belo e nobre, mas não guardes do pretérito os detritos e sombras, ainda mesmo quando mascarados de encantador revestimento.

Faze por ti mesmo, nos domínios da tua iniciativa pela aplicação da fraternidade real, o trabalho que a tua negligência atirará fatalmente sobre os ombros de teus benfeitores e amigos espirituais.

Cada hora que surge pode ser portadora de reajustamento.

Se é possível, não deixes para depois os laços de amor e paz que podes criar agora, em substituição às pesadas algemas do desafeto.

Não é fácil quebrar antigos preceitos do mundo ou desenovelar o coração, a favor daqueles que nos ferem. Entretanto, o melhor antídoto contra os tóxicos da aversão é a nossa boa-vontade, a benefício daqueles que nos odeiam ou que ainda não nos compreendem.

Enquanto nos demoramos na fortaleza defensiva, o adversário cogita de enriquecer as munições, mas se descemos à praça, desassombrados e serenos, mostrando novas disposições na luta, a idéia de acordo substitui, dentro de nós e em torno de nossos passos, a escura fermentação da guerra.

Alguém te magoa? Reinicia o esforço da boa compreensão.

Alguém te não entende? Persevera em demonstrar os intentos mais nobres.

Deixa-te reviver, cada dia, na corrente cristalina e incessante do bem.

Não olvides a assertiva do Mestre: — "Aquele que não nascer de novo não pode ver o reino de Deus".

Renasce agora em teus propósitos, deliberações e atitudes, trabalhando para superar os obstáculos que te cercam e alcançando a antecipação da vitória sobre ti mesmo, no tempo...

Mais vale auxiliar, ainda hoje, que ser auxiliado amanhã."

Eis aí a palavra do Mentor Espiritual do médium Chico Xavier.

Nos textos a seguir, analisaremos cada frase dos conteúdos dos pensamentos deste Espírito, sobre a necessidade de "nascer de novo", como condição de aproveitamento de cada reencarnação.

---

1 KARDEC, Allan. *O Evangelho segundo o Espiritismo*, cap. IV, item 26.
2 FRANCO, Divaldo Pereira. *Jesus e o Evangelho – à luz da psicologia profunda* – p. 41.
3 Paulo, Gálatas, 2:20.
4 Lucas, 19:1-10.
5 NOVAES, Adenáuer. *Psicologia do Evangelho*, p. 44.
6 KARDEC, Allan. *O Livro dos Espíritos*, Q. 192 a.
7 Op.cit., Q. 85.
8 XAVIER, Francisco Cândido. *Fonte Viva*, Lição 56.

## 5.1. Nascer de novo: Aprendendo com a natureza

> "*A própria Natureza apresenta preciosas lições neste particular*".

Observando-se como tudo o que compõe a Natureza trabalha incessantemente em busca do cumprimento dos objetivos que são programados pelas Leis Divinas, formando uma estrutura organizada, servimo-nos das lições preciosas para o *nascer de novo* em nosso ser psicológico.

André Luiz,[1] através da psicografia de Chico Xavier, no texto *Aprenda com a Natureza* mostra-nos o quanto necessitamos nos espelhar na mecânica divina da Natureza, para entender o sentido profundo que ela nos proporciona no processo contínuo do "nascer de novo" de nossa caminhada evolutiva:

Resplandece o Sol no alto, a fim de auxiliar a todos.

As estrelas agrupam-se em ordem.

O céu tem horários para a luz e para a sombra.

O vegetal abandona a cova escura, embora continue ligado ao solo, buscando a claridade, a fim de produzir.

O ramo que sobrevive à tempestade cede à passagem dela, mantendo-se, não obstante, no lugar que lhe é próprio.

A rocha garante a vida no vale, por resignar-se à

solidão.

O rio atinge os seus objetivos porque aprendeu a contornar obstáculos.

A ponte serve ao público sem exceções, por afirmar-se contra o extremismo.

O vaso serve ao oleiro, após suportar o clima de fogo.

A pedra brilha, depois de sofrer as limas do lapidário.

O canal preenche as suas finalidades, por não perder acesso ao reservatório.

A semeadura rende sempre, de acordo com os propósitos do semeador.

Para implantação do Reino de Deus no comando de nossa vida impõe-se, no processo do *nascer de novo*, a constante atualização de nossas virtudes, representadas pela cooperação, disciplina, auto-iluminação, paciência, perseverança, humildade, resignação, coragem, entre outras. Nesta lição, abre-se o livro da vida, como espelho da Natureza, na conquista da aprendizagem para a caminhada ao Grande Todo.

---

1 XAVIER, Francisco Cândido. *Agenda Cristã*, lição, 35.

## 5.2. Os dias são sempre novos

> *"Sucedem-se os anos com matemática precisão, mas os dias são sempre novos".*

Como é importante analisar que, embora tenhamos precisão matemática em relação ao tempo, temos sempre a oportunidade do recomeço, porque tudo se renova.

Os erros cometidos no passado, recente ou remoto, podem e devem ser corrigidos diante de novas posturas e comportamentos; obviamente cada qual em seu ritmo próprio, pois cada um traz o seu próprio currículo de vida, com ações boas e más.

Nesse processo de evolução, no ritmo próprio, a criatura tem três opções no processo de aprendizagem, na tão necessária mudança do *nascer de novo*:

\* **Pela dor** – é o caminho mais comum, por ser a conseqüência inarredável de nossas imperfeições. Quando a dor nos bate à porta é um sinal de alerta que algo não anda correndo bem conosco. A dor é a sirene da alma, despertando-nos para os desvios em que eventualmente tenhamos excursionado. Entendamos, todavia, que a dor não tem sentido de punição de Deus, de castigo do Criador! Não! Ela trata-se do alarme, dado pelas próprias Leis Divinas, que nos comunica que há algo de errado e que precisa ser corrigido para o nosso próprio benefício.

* **Pela imitação** – quando não confiando em nosso potencial divino, resolvemos nos espelhar em terceiros, esquecendo-nos de que *cada um é um*. Somos todos diferentes uns dos outros. O que serve individualmente para um, pode não servir para o outro. Cada qual tem sua história, seu passado, pois afinal somos individualidades singulares e únicas no universo. Nosso modo de sentir, de expressar, de se relacionar é diferente, pois cada filho de Deus é um ser singular, de talentos próprios, como asseverou Jesus. Podemos, todavia, ter certos parâmetros de conduta em nosso semelhante, enquanto a aprendizagem sempre será produto de nosso próprio agir. Quando imitamos, abandonamos o nosso talento para copiar o dos outros.

* **Pelas Leis Divinas** – quando seguimos e consultamos as Leis Eternas, gravadas em nossas consciências. É o contato direto com nossa essência divina – o *Reino de Deus* – o roteiro verdadeiro, em nosso caminho evolutivo e ascensional. Asseverou Jesus: *"vós sois deuses"*, e é essa busca da centelha divina em nós a grande tarefa de cada ser em sua individualidade; é resgatar esse Eu verdadeiro, para que possamos perceber que somos deuses. Deus criou o homem à sua imagem e semelhança, diz o texto bíblico e essa semelhança é em relação ao Espírito em sua capacidade de criar em escala menor.

Esse encontro com nossa *essência divina* é a verdadeira religião. Entenda-se, aqui, o termo religioso, não no sentido dogmático ou doutrinário, mas no sentido do *re-ligare* ou do *re-encontro* conosco mesmo na intimidade de nosso Reino interior, onde encontramos a Força Divina *in potência*, necessitando de nosso esforço para sua atualização. A prática da meditação, da reflexão, da prece, do *re-encontro* conosco é o caminho para nosso equilíbrio e harmonização. É nesse resgate de nosso sentimento religioso, que temos condições de enfrentar os obstáculos com otimismo, tendo como fonte de inspiração e amor a nossa Fonte Interior. Distraidamente nos tempos atuais, o homem, numa inversão de valores, tem deixado para o segundo plano essa postura religiosa que, quando praticada, leva ao *re-ligare* ou ao *re-encontro* com o *Reino dos Céus*.

É esse também o entendimento de Júlia Nezu Oliveira[1], quando, sobre o conceito de religião, afirma peremptoriamente: *"O século XXI promete uma nova postura do homem religioso, que terá necessariamente que incorporar a Ciência para compreender os princípios básicos que fundamentam as doutrinas religiosas, derrubando a carcomida e desgastada Religião dogmática; e do homem científico, que transformará o materialismo frio da Ciência tornando-a mais espiritualizada"*.

Não nos esqueçamos que embora *"os anos se sucedam com matemática precisão, os dias são sempre novos"*. O momento presente é o único que existe na realidade para o nosso progresso, pois o passado não volta. Se erramos, temos de recomeçar, libertando-nos de nosso pretérito. *"Cada dia é uma nova oportunidade que temos para nos desvencilhar de velhos conceitos, das idéias fixas e reflexões obsoletas, aproveitando as 'vantagens do esquecimento' que nos concede a Divina Providência, a fim de que transformemos nossa presente encarnação em fonte de suprimentos novos para que as encarnações futuras sejam mais felizes"*.[2]

Amanhã é um novo dia e uma nova oportunidade a felicitar-nos o crescimento do *nascer de novo*, renovando experiências para a conquista do Reino de Deus.

Às vezes nos autopunimos por erros que cometemos no passado e julgamos que não temos mais direito de ser felizes. É pura crença pueril, que não corresponde à realidade. Deus quer sempre a nossa felicidade. Se pecamos (erramos) é porque não tínhamos experiência. Cada novo dia é sempre uma esperança renovadora – *"Deus não leva em conta o nosso tempo de ignorância"*, assevera Lucas.[3]

A felicidade não está no fim da jornada, mas em cada curva do caminho que percorremos para encontrá-la.

Ensina o Dalai Lama [4] que *"O objetivo da vida humana é a felicidade, a preservação da alegria. Ser feliz não é um estado grandioso e eterno. Ao contrário, é uma soma de pequenos momentos luminosos que o sujeito vai colecionando ao longo da vida. Um dos caminhos mais curtos para a infelicidade é colocar a própria satisfação nas mãos de 'algo' ou de 'alguém'. Ou então 'empurrá-la para o futuro'"*.

Assim, o sujeito que diz que só será feliz quando se *formar em Medicina*, quando *se casar com determinada pessoa*, quando *adquirir um carro novo, comprar uma casa, conseguir aquele emprego, ganhar "X" por mês* etc.; está jogando fora uma série de oportunidades presentes de felicidade. A satisfação está dentro de cada um e não fora. Tanto é verdade que quando conseguimos aquilo que julgamos que seria *felicidade*, já não o é mais. Há mais felicidade enquanto *buscamos* do que quando *encontramos*.

\* É preciso saborear cada mordida no pão quentinho da manhã.

\* Encontrar alegria no banho, sentindo a felicidade da água jorrando sobre nosso corpo.

\* E se o chefe estiver nervoso, é preciso que o subalterno se sinta feliz por não estar nervoso também.

\* Comparecer numa festa, mas de espírito presente, usufruindo daquele momento; às vezes não se curte aquele momento por estar preso aos possíveis ou imaginados problemas do amanhã!

---

1 Júlia Nezu Oliveira, *in* prefácio à obra de Francisco Cajazeira, *Bioética*, EME, p.12.
2 SANTO NETO, Francisco do Espírito. *Renovando atitudes*. Ditado pelo Espírito de Hammed, p. 139.
3 Atos, 17:30.
4 LAMA, Dalai e CUTLER, Howard. *A arte da felicidade*, Primeira parte: o propósito da vida, p. 11-58.

## 5.3. Aprendizado e recomeço

> *"Dispondo, assim, de trezentas e sessenta e cinco ocasiões de aprendizado e recomeço, anualmente, quantas oportunidades de renovação moral encontrará a criatura no abençoado período de uma existência?"*

Diz-se que o tempo é o senhor da razão. Muitas vezes, perdemos tempo adentrando pela *porta larga* da vida e gastando todas as nossas energias em futilidades. Apegamo-nos apenas aos desejos materiais, priorizando o perecível, em detrimento do imperecível.

Entorpecido pelo chamariz das vitrines convidativas da conquista passageira, esquecemos que somos seres espirituais e chafurdamos nas misérias da alma, voltando à primariedade das atitudes, dormindo o sono da insensatez e da imprevidência. Agimos tal como o filho pródigo, que após gastar seus bens e desgastar suas energias, em sofrimentos indescritíveis, "acorda" para as realidades dos objetivos da Vida.

Diz o texto que o jovem *caiu em si*. Ele que saíra de casa, isto é, fora absorvido pelo magnetismo dos desejos do *ter*, um dia, quando a tristeza consumia suas fibras mais íntimas, lembrou-se da casa paterna, que é simbolizada pelo retorno às Leis Divinas, gravadas no inconsciente, e marchou de volta. Assim somos nós: depois de cair no ardil da materialidade e dos desejos fúteis, um dia também somos tocados por Deus, através de Suas leis. É o despertar do Reino de Deus, a conquista do *ser*, em que todos teremos que nos empenhar, pois é a única garantia da felicidade verdadeira, a paz que o mundo não pode dar.

Aparentemente, dependendo da idade física, reclama-se que não há mais tempo para a caminhada do retorno, que na realidade é a caminhada da recuperação para sintonizarmos com os bens espirituais, identificado como o grande retorno à casa do Pai, isto é, a busca da renovação, do *nascer de novo*, rumo ao grande infinito.

O tempo é infinito. Não nascemos para terminar num túmulo. O sábio Gibran Kalil Gibran[1] disse que:

"Vossos filhos não são vossos filhos.

São os filhos e as filhas da ânsia da Vida por si mesma.

Eles vêm através de vós, mas não de vós.

Embora vivam convosco, não vos pertencem.

Podeis outorgar-lhes vosso amor, mas não vossos pensamentos.

Porque eles têm seus próprios pensamentos.

Podeis abrigar seus corpos, mas não suas almas.

Pois suas almas moram na mansão do amanhã, que vós não podeis visitar nem mesmo em sonho.

Podeis esforçar-vos por ser como eles, mas não procureis fazê-los como vós.

Porque a vida não anda para trás e não se demora com os dias passados.

Vós sois os arcos dos quais vossos filhos são arremessados como flechas vivas.

O arqueiro mira o alvo na senda do infinito e vos estica com toda Sua força para que Suas flechas se projetem, rápidas e para longe.

Que vosso encurvamento na mão do Arqueiro seja vossa alegria:

Pois assim como Ele ama a flecha que voa, também

ama o arco que permanece estável".

Portanto, esta é a hora de recomeçar, de buscar a felicidade não encontrada. Agora o ideal é outro, a visão esplendorosa do amor e da bondade do Pai espraia no horizonte de nossos entendimentos.

A definição do tempo é um convencionalismo humano, para a demarcação do calendário das responsabilidades objetivas, mas na infinitude das conquistas eternas, somos as sementes que rasgam o tempo para nascer, crescer e florescer, tornando-se útil a todos os nossos circunstantes, no crescimento do ser.

Daí, conclui Emmanuel[2], sugerindo-nos que *"aceitemos o amor de Deus por nós. Dispondo, assim, de trezentas e sessenta e cinco ocasiões de aprendizado e recomeço, anualmente, quantas oportunidades de renovação moral encontrará a criatura, no abençoado período de uma existência?"*

O tempo nos aguarda, as oportunidades são sempre renovadas, os dias são novos e Deus nos convida para *nascer de novo* para que participemos do seu trabalho na edificação de um mundo mais justo e humano.

---

1 GIBRAN, Khalil Gibran, *O Profeta*, p. 15-16.
2 XAVIER, Francisco Cândido, *Fonte Viva*, lição, 56, p. 129.

## 5.4. Não olhar para trás

> "Conserva do passado o que for bom e justo, belo e nobre, mas não guardes do pretérito os detritos e as sombras, ainda mesmo quando mascarados de encantador revestimento".

Muitas pessoas procuram justificar a inexistência da reencarnação, alegando que nós não nos lembramos das vidas passadas. O esquecimento do passado é necessário ao nosso progresso. No estágio evolutivo em que nos encontramos, nosso passado, seja próximo ou remoto, quase sempre traz registrados fatos e atos que perturbariam o nosso hoje.

São tantas as preocupações e dificuldades para superarmos no palco desta existência... Já imaginou, se o passado nos fosse desvelado e reconhecêssemos nos personagens que vivem conosco nossos desafetos? Entraríamos em perturbação e a reencarnação, que tem por objetivo a nossa evolução, estaria comprometida. A nossa intimidade seria devassada e a desarmonia na vida de relação passaria a reinar com as trocas de acusações, ódios e dores e todas as cicatrizes da alma viriam à tona! Seria uma torre de Babel, e ninguém mais se entenderia.

O objetivo da reencarnação é o progresso do Espírito e neste contexto estabelecemos no plano espiritual uma programação, muitas vezes para nos reconciliar com os nossos desafetos, com quem eventualmente nos desentendemos no passado. É claro que pode também ocorrer reunião na Terra de Espíritos familiares amigos, que se reúnem para dar continuidade a um planejamento já começado.

Reencarnamos justamente para progredir e no contexto desse progresso está inserida a programação de buscar aparar as arestas com aquelas pessoas que prejudicamos no pretérito... A recordação das vidas passadas traria inconveniências, pois poderia acarretar humilhação ou exaltar o orgulho do Espírito, impedindo a manifestação de nosso livre-arbítrio. Inevitáveis perturbações ocorreriam nas relações sociais. Allan Kardec assevera que *"Deus nos deu, para nos melhorarmos justamente o que necessitamos e nos é suficiente: a voz da consciência e as tendências instintivas; e nos tira o que nos poderia prejudicar*[1]*"*.

Analogamente, se na reencarnação a lembrança de vidas passadas prejudica o Espírito, impedindo que ele seja ele mesmo, de igual forma não devemos ficar presos às ocorrências passadas da vida presente. O dia de ontem já passou. Não devemos ficar algemados a ele. Esquecer o passado e viver o presente é a chave do nosso sucesso. Vamos viver o agora. Sempre que estamos presos ao pretérito, encontramos dificuldades de viver a plenitude da atualidade...

Certa vez uma senhora nos disse de sua infelicidade por ter, quando ainda jovem, cometido um aborto. Aquele passado sempre se fazia presente no *agora*, impedindo a sua felicidade. Conhecedora das bênçãos da Doutrina Espírita sentia um drama de consciência do ato cometido. Disse a ela que respondesse, sinceramente: Será que cometeria hoje, com a maturidade já adquirida, o mesmo ato? Categoricamente, respondeu que não. O plano de Deus tem meios que nos asseguram recursos para corrigirmos eventuais falhas cometidas no passado. Recordemo-nos da milenar, porém atualíssima, citação do apóstolo Pedro,[2] (...) *"o amor cobre uma multidão de pecados"*.

Não adianta continuar se autopunindo eternamente pelo erro cometido. Por outros meios haveremos de corrigir nossos equívocos e enganos. Deus é amor e não quer a morte do pecador, mas que ele se recupere e viva. Precisamos nos perdoar. Deus nos concedeu o livre-arbítrio, isto é, a livre escolha dos nossos atos. É óbvio que Ele sabia que iríamos acertar e, em outros momentos, errar. O erro é inerente à caminhada em busca do progresso. Não esqueçamos que fomos criados *"simples e ignorantes"* e até atingirmos a condição de Espíritos puros, muitas estradas vamos caminhar, muitos erros ainda vamos cometer. Não nos esqueçamos disto: para o nosso consolo, Deus está sempre nos aguardando, pois, "(...) *Deus não leva em conta os tempos de ignorância"*.[3]

Uma vez tendo nos arrependido do ato praticado, contrário à moral e à ética e em desrespeito às Leis Divinas, é para não ficar remoendo o que foi praticado... Ele não volta jamais. O passado já passou. Só seremos felizes e progrediremos se o esquecermos, seguindo sempre em frente, com pensamento positivo e confiança em nossa Força Divina, porque o importante não é reviver o passado, mas, no dia de hoje, construir o futuro.

Devemos esquecer todo o nosso passado? É claro que não. Tivemos passagens bonitas e alegres, ações nobres que marcaram nossa vida e que certamente sendo lembradas nos trarão felicidade, que ajudam na melhoria da nossa autoestima. Mas é só isso. Vamos viver o presente e sermos felizes, agora!

É por essa razão que Emmanuel assevera: *"Conserva do passado o que for bom e justo, belo e nobre, mas não guardes do pretérito os detritos e as sombras, ainda mesmo quando mascarados de encantador revestimento"*.

Assim sendo, do que se já foi só devemos conservar o que for bom e justo, belo e nobre. As conquistas edificantes, os exemplos construtivos, as experiências enriquecedoras, estas aquisições individuais intransferíveis e eternas solidificam o nosso presente, mostrando-nos o que deu certo e indicando-nos a seta do progresso.

Quando olhamos para trás, com intuito de fixação nas lembranças infelizes, estamos emergindo os detritos do porão da alma, quase sempre repleto de recordações tristes que conduzem à doença. Olhando para trás, a criatura não caminha decididamente para o alvo; titubeia, e não se liberta das algemas do que se foi e deve ser considerado valioso aprendizado de como não mais agir porque nos deu nenhuma alegria real. Lembremo-nos da recomendação de Jesus[4]: *"Ninguém que lança mão do arado e olha para trás é apto para o reino de Deus"*.

No processo do *nascer de novo* a criatura deve sempre seguir em frente, eliminando as cicatrizes do passado, abraçando a responsabilidade, trabalhando com firmeza de propósitos, mas sem olhar para trás, pois as reminiscências dos atos infelizes tão somente e sem nenhum proveito enodoam o pensamento, impedindo a lucidez do Espírito, na sua caminhada para a conquista do Reino de Deus.

---

1 KARDEC, Allan. *O Evangelho Segundo o Espiritismo*, Cap. V, item 11.
2 Pedro, 4:8.
3 Atos, 10:17.
4 Lucas, 9:62.

## 5.5. Exercitando a fraternidade real

> *"Faze por ti mesmo, nos domínios da tua iniciativa pela aplicação da fraternidade real, o trabalho que a tua negligência atirará fatalmente sobre os ombros de teus benfeitores e amigos espirituais".*

O *nascer de novo* implica o ponto de mutação da prática sugerida para a prática da fraternidade real, isto é, aquela que é feita pela própria criatura, fruto de iniciativa própria, não esperando que a ação seja provocada por terceiros. Há de se entender, todavia, que para se chegar à fraternidade real, muitos caminhos já foram percorridos, pois este desenvolvimento não ocorre abruptamente no coração das pessoas. É um processo de aprendizagem que se internaliza. Ocorrendo este *insight*, produto da maturidade de cada um através das várias existências no corpo físico, resplandece na intimidade uma felicidade indescritível e uma força divina impulsiona o ser a doar-se espontaneamente, à fraternidade sem limites.

A prática da fraternidade real leva o ser humano ao verdadeiro sentido da vida, que é caridade verdadeira. É importante que seja realizada pela própria pessoa, pois o ato de exercitar essa atividade esmerilha as imperfeições da alma trazidas de longevos anos das existências pretéritas. O contato direto com os nossos irmãos de jornada permite, em certos momentos, que sejamos tocados nas fibras mais íntimas de nossa alma, o que nem sempre ocorre quando fazemos por terceiros. Não que não seja válida a fraternidade realizada por pessoas encarregadas para tal fim, mas na presença viva dos irmãos de jornada muitas transformações podem ocorrer neste momento.

Muitas vezes, do ponto de vista financeiro, temos reservas para contribuir com várias entidades sociais da comunidade, e o fazemos com prazer. É assim que as APAEs, os Asilos, as Casas de Crianças Abandonadas, os albergues podem dar um pouco de conforto aos irmãos que ali se alojam. Estas doações, do ponto de vista de colaboração com a comunidade, são extremamente válidas. Mas, se algum dia da semana, mesmo diante das ocupações justas nas atividades profissionais a que estamos afetos, dispormos de algum espaço de tempo para o contacto direto com esses nossos irmãos aí internados, por motivos vários, quanto se ganha em amplitude de visão... Quantos exemplos podem mudar realmente o roteiro de nossa vida. Não está aí tão-somente a chamada caridade material, mas também o despertar do Espírito para os inúmeros dramas da vida de cada um.

Numa APAE (Associação dos Pais e dos Amigos dos Excepcionais), por exemplo, podemos ver crianças em trânsito pela experiência reencarnatória obstaculizadas por uma série de fatores que as impedem de exercitar atividades comuns aos filhos normais. Inúmeros questionamentos levam-nos à reflexão sobre os *porquês* das diferenças desde o nascimento; uns sadios, outros impedidos do exercício da plenitude de suas faculdades. Não há privilégios para ninguém; todos estão sujeitos, por necessidade de evolução do Espírito, de recolher no lar seres com dificuldades físicas, mentais ou emocionais.

Numa visita a um asilo, quantas perguntas podemos fazer? De quantos dramas, de quantas tristezas podemos ser tomados ao contatar com esses companheiros, hoje na senectude da vida, carentes de amor dos filhos! Nenhuma visita dos familiares, que na maioria esquecem a responsabilidade de dar proteção àqueles que lhes deram a vida. Esquecem da advertência *"Honrarás a teu pai e a tua mãe, para teres uma dilatada vida sobre a terra que o Senhor Deus te há de dar"*[1].

Allan Kardec, comentando sobre o assunto[2], ensina que *"honrar ao pai e à mãe não é somente respeitá-los, mas também assisti-los nas suas necessidades; proporcionar-lhes o repouso na velhice; cercá-los de solicitude, como eles fizeram por nós na infância"*.

Poderíamos ir mais longe, isto é, fazer visitas às Casas de Crianças abandonadas, aos albergues etc.; em cada um deles teríamos motivos para o despertar de nossa consciência para a fraternidade real e encontrarmos o roteiro para uma vida mais feliz e humana. Esse trabalho é independente de estarmos filiados ou não a algum grupo fraterno; é uma ação pessoal, conquista personalíssima, que não se compra, não está baseada em qualquer recompensa exterior. Entende-se: é a felicidade encontrada no ato de doar-se, independente da manifestação de gratidão do favorecido.

Por esta razão, Emmanuel recomenda, com inteligência: *"Faze por ti mesmo, nos domínios da tua iniciativa pela aplicação da fraternidade real, o trabalho que a tua negligência atirará fatalmente sobre os ombros de teus benfeitores e amigos espirituais"*.

Todos somos chamados para colaborar na Obra Divina, ao exercício da fraternidade. *"A seara é grande, mas os trabalhadores são poucos"*, disse Jesus[3]. Se nada fizermos, alguém tem que fazer por nós! Vamos aproveitar todas as oportunidades que a vida nos oferece para o desenvolvimento do amor, pois o *Reino de Deus* é daqueles que têm o coração puro.

Elucidativa lição sobre fraternidade que nos é

ensinada por Emmanuel[4], quando através do nosso Chico Xavier, enfatiza que:

(...) *"A fraternidade pura é o mais sublime dos sistemas de relações entre as almas. O homem que se sente filho de Deus e sincero irmão das criaturas não é vítima dos fantasmas do despeito, da inveja, da ambição, da desconfiança. Os que se amam fraternalmente alegram-se com o júbilo dos companheiros; sentem-se felizes com a ventura que lhes visita os semelhantes. Na teia das reencarnações, os títulos afetivos modificam-se constantemente. É que o amor fraternal, sublime e puro, representando o objetivo supremo do esforço de compreensão, é a luz imperecível que sobreviverá no caminho eterno".*

Caminhemos, pois, mesmo diante das tribulações constantes, buscando incansavelmente o alvo maior, que é a felicidade verdadeira, aquela que o mundo não pode dar.

---

1 Êxodo, 20:12.
2 KARDEC, Allan. *O Evangelho Segundo o Espiritismo*, Cap. XIV, item 3.
3 Mateus, 9:37.
4 XAVIER, Francisco Cândido. *Pão Nosso*. Ditado pelo Espírito Emmanuel, lição 141, "Amor fraternal".

## 5.6. A hora é agora

> *"Cada hora que surge pode ser portadora de reajustamento".*

Diz o ditado popular *"não se deixa para amanhã o que se deve fazer hoje"*. Na caminhada do *nascer de novo* complementando, diremos: *"não se deixa para depois o que se pode fazer agora"*. Buda recomendava: *"viva o agora"*. E o Mestre Jesus dizia[1]: *"Basta a cada dia o seu próprio mal"*. Portanto, a *hora é agora*! Este momento presente é o mais importante de nossa vida, pois o passado já passou e não pode mais ser modificado, e o futuro é conseqüência do que fizermos no hoje.

Que tal reprogramarmos os nossos pensamentos? Sei que não é fácil, num piscar de olhos, mudar hábitos estereotipados, criados ao longo de nossa vida, muitas vezes até de outras existências. Mas é possível mudar. Toda mudança no início gera resistência, angústia, pois é mais fácil continuar naquilo que construímos, sem enfrentar novos desafios.

Se quisermos conquistar o *Reino de Deus*, necessitamos *nascer de novo* em nossos pensamentos, atitudes e objetivos. O aluno ao entrar na escola traz muitos conceitos, que não são verdadeiros e precisam ser modificados para o seu desenvolvimento. Somos também alunos na escola da vida e, aprender a enfrentar desafios é preciso.

Joanna de Ângelis, enfatizando a necessidade de nossa auto-iluminação, na conquista do Reino de Deus, ressalta[2]: *"Não receies, e intenta, hoje e agora, antes que transferindo sempre para amanhã, sejas surpreendido pela desencarnação que, então, imporá a necessidade do autodescobrimento, talvez tarde demais".*

E quando começar essa mudança para encontrar a felicidade? Depende da vontade de cada um. Estamos, neste texto, dizendo que a *hora é agora*. Se começarmos a exercitar a mudança de pensamento já, e acreditar que vamos conseguir, estaremos começando também no presente agora a criar o futuro. Somos o que pensamos e os pensamentos criam o futuro.

O que estamos pensando agora? São pensamentos que refletem idéias negativas ou positivas? Esses pensamentos irão criar o futuro, agora, amanhã, daqui a um ano. Se penso na doença, que meu problema não tem mais solução, irei dar voz de comando para o meu EU interior e, emocionalmente, vou sentir-me doente.

No entanto, se mudar o pensamento, lembrando que todos somos seres dotados da essência divina e que temos uma força maior, que é capaz de mudar o nosso destino, certamente se pensar positivamente, vou ajudar no restabelecimento da normalidade da vida. Podemos, portanto, começar agora a mudar. É verdade! Se somos resultado de nosso pensamento, quanto antes começarmos a mudar, mais rápido iremos nos libertar das idéias infelizes.

Apenas dois conceitos expendidos por Emmanuel[3] mostram a responsabilidade de cada criatura em renovar os seus pensamentos *agora mesmo*, ou pelo menos, começar o exercício:

(...) *"Os sintomas patológicos na experiência comum, em maioria esmagadora, decorrem dos reflexos infelizes da mente sobre o veículo de nossas manifestações, operando desajustes nos implementos que o compõe".*

(...) *"O pensamento sombrio adoece o corpo são e agrava os males do corpo enfermo".*

Essa renovação não pode ser apenas de *fachada*, pois o Reino de Deus não vem com aparências exteriores, mas deve ser uma mudança interna que reflita no exterior.

Paulo de Tarso, o apóstolo dos gentios, recomenda[4]: (...) *"Transformai-vos pela renovação de vossa mente, para que proveis qual é a boa, agradável e perfeita vontade de Deus".*

Rica é a mensagem de otimismo de Pastorino[5], referindo-se à idéia de renovação que cada criatura deve desenvolver em si mesma, no momento presente:

> *"O minuto que você está vivendo agora é o mais importante de sua vida, onde quer que você esteja.*
> *Preste atenção ao que está fazendo.*
> *O ontem já lhe fugiu das mãos.*
> *O amanhã ainda não chegou.*
> *Viva o momento presente, porque dele depende todo o seu futuro.*
> *Procure aproveitar o máximo o momento que está vivendo, tirando todas as vantagens que puder, para o seu aperfeiçoamento".*

Não importa a idade física para *nascer de novo*; afinal, o Espírito é imortal, não começa no berço nem termina no túmulo. As aquisições do agora incorporam-se no patrimônio espiritual da criatura. Ao *nascer de novo*, em nova existência, o Espírito é portador de maiores experiências. Por isso, vale a pena refletir no ensinamento de Emmanuel: *"Cada hora que surge pode ser portadora de reajustamento".*

1 Mateus, 6:34.
2 FRANCO, Divaldo Pereira. *Otimismo*, lição Revolução Interior, p. 50.
3 XAVIER, Francisco Cândido. *Pensamento e Vida*. p. 128-129.
4 Romanos, 12:2.
5 PASTORINO, Carlos. Torres. *Minutos de Sabedoria*, p. 51.

## 5.7. Criando laços de amor e paz, agora.

> *"Se possível, não deixes para depois os laços de amor e paz que podes criar agora, em substituição às pesadas algemas do desafeto".*

Ninguém sabe a hora quando será chamado de volta ao plano espiritual. As idades físicas para o desencarne não são cronometradas por nós. Pela lógica, iriam primeiro os mais velhos; no entanto, como vemos todos os dias, não existe um calendário da partida, podendo desencarnar-se no primeiro vagido, como atingir a mocidade, a idade mais madura e até a senectude.

A recomendação de Jesus sobre a reconciliação é preventiva a todas as criaturas, pois, na condição de Espíritos em evolução, nem sempre criamos aqui na Terra só um rol de amigos; temos também os nossos desafetos gratuitos ou mesmo criados por nós mesmos, em nossa vida de relação, por razões várias.

Sabiamente Jesus, o grande psicólogo da alma, lembra-nos: *"Reconcilia-te o mais cedo possível com o teu adversário, enquanto estás junto dele, para que ele não te entregue ao juiz, e este não te entregue ao seu ministro, e sejas mandado à prisão. Eu te digo, em verdade, que de lá não sairás enquanto não pagares até o último ceitil".*[1]

O desencarne não nos transporta para o plano espiritual, milagrosamente, zerando tudo; o Espírito ao passar para o plano espiritual continua sendo ele mesmo, com suas virtudes e seus defeitos, com seus vínculos de amizade e inimizade. Em razão disso, ninguém se livra dos inimigos ao desencarnar.

Os Espíritos rivais e vingativos continuam no mundo espiritual aguardando o desencarne de seus desafetos e, de acordo com a situação psicológica em que se encontram, muitas vezes continuam por longo tempo espalhando o seu ódio e terror; quando o desafeto se encontra ainda no corpo físico e o inimigo no plano espiritual surgem as terríveis obsessões, cujo tratamento na Casa Espírita exige muito trabalho, persistência e, sempre, a necessária renovação do próprio obsidiado. Deixando de lado os excessos, o filme *Ghost*, sucesso mundial, retrata bem a situação do Espírito, após o seu desencarne e a presença de seus desafetos.

O Codificador alerta que[2] *"Quando Jesus recomenda que nos reconciliemos o mais cedo possível com o adversário, não quer apenas evitar as discórdias na vida presente, mas também que elas se perpetuem nas existências futuras"*. Vale dizer, que sejam aparadas as arestas do desentendimento, perdoando-se reciprocamente para que o equilíbrio volte a reinar, ainda aqui na Terra, senão levaremos as mágoas para o plano espiritual, o que não é bom para o Espírito.

Nem sempre, todavia, dada a dureza de coração de que se encontra ainda revestido o adversário de ontem, a reconciliação é possível, e de imediato. Esse *reconcilia-te* pode ser entendido no sentido do esforço que se faz para a busca da harmonia. Podemos dar início à reconciliação, fazendo a *nossa parte*, demonstrando com isso a nossa boa vontade, o espírito de humildade, na busca do entendimento para com o desafeto; aparentemente, pode ser visto como fraqueza, mas na realidade é um ato de grandeza da alma.

Neste sentido, aconselha Emmanuel[3]: *"Trabalha, pois, quanto seja possível no capítulo da harmonização, mas se o adversário te desdenha os bons desejos, concilia-te com a própria consciência e espera confiante"*.

Não adianta adiar para depois a reconciliação com o desafeto; podemos ser surpreendidos *a qualquer momento* pelo desencarne; daí ter asseverado Jesus:[4] *"Mas Deus lhe disse: Louco, esta noite te pedirão a tua alma"* (...). O quanto antes manifestarmos sinais de boa vontade na busca do entendimento, mais estaremos demonstrando a grandeza de espírito; desatando-se os vínculos da desarmonia, criamos condições para o *"nascer de novo, criando, agora, os laços de amor e paz"*.

---

1 Mateus, 5:25-26.
2 KARDEC, Allan. *O Evangelho Segundo o Espiritismo*, Cap. X, item 6.
3 XAVIER, Francisco Cândido. *Pão nosso*, lição 120, Conciliação.
4 Lucas, 12:20.

## 5.8. Boa vontade com os que nos odeiam

> *"Não é fácil quebrar os antigos preceitos do mundo ou desenovelar o coração, a favor daqueles que nos ferem. Entretanto, o melhor antídoto contra o tóxico da aversão é a nossa boa-vontade, a benefício daqueles que nos odeiam ou que não nos compreendem".*

Realmente não é fácil a concessão do perdão verdadeiro aos que nos ferem. Porque renovação de atitudes demanda tempo; e maturidade não é algo conquistado apenas em alguns anos de vida terrena. Trata-se de um estágio em que a criatura já desenvolveu realmente o amor no coração. Pode-se até dizer que perdoa, mas às vezes de forma exterior, sem mudança interna, o que é mais importante. Quantas vezes se diz: *"Perdoar eu perdôo, mas não esqueço"*!

O verdadeiro sentido da palavra **caridade**, como a entende Jesus é: *"Benevolência para com todos, indulgência para com as imperfeições alheias, perdão das ofensas"*[1]. Quando se diz, *todos*, não pode haver discriminação com ninguém, não importando a posição social, religião, cor. Trata-se de ato verdadeiramente de amor!

A máxima *"Fora da caridade não há salvação"*, ensinada pela Doutrina Espírita, no lugar de *"Fora da Igreja não há salvação"* é calcada em princípio universal, mostrando-nos que Deus concede oportunidade a todos, sem distinção de qualquer natureza, de alcançar a felicidade. *"Toda moral de Jesus se resume na caridade e na humildade, ou seja, nas duas virtudes contrárias ao egoísmo e ao orgulho. Jesus mostra-nos em todas as passagens do Evangelho que com o desenvolvimento dessas duas virtudes, estamos no caminho da felicidade verdadeira"*.[2]

Orienta Kardec[3] que *"Se o amor ao próximo é o princípio da caridade, amar aos inimigos é a sua aplicação sublime, porque essa virtude constitui uma das maiores vitórias conquistadas sobre o egoísmo e o orgulho"*.

Entretanto, há geralmente equívoco no tocante ao sentido da palavra *amar*, neste passo. Não pretendeu Jesus, assim falando, que cada um de nós tenha para com o seu inimigo a ternura que dispensa a um irmão ou amigo. A ternura pressupõe confiança; ora, ninguém pode depositar confiança numa pessoa, sabendo que esta lhe quer mal; ninguém pode ter para com ela expansões de amizade, sabendo-a capaz de abusar dessa atitude. Entre pessoas que desconfiam umas das outras, não pode haver essas manifestações de simpatia que existem entre as que comungam das mesmas idéias. Enfim, ninguém pode sentir, ao estar com um inimigo, prazer igual ao que sente na companhia de um amigo.

A diversidade na maneira de sentir, nessas duas circunstâncias diferentes, resulta mesmo de uma lei física: a da assimilação e da repulsão dos fluidos. O pensamento malévolo determina uma corrente fluídica que impressiona penosamente. O pensamento benévolo nos envolve num agradável eflúvio. Daí a diferença das sensações que se experimenta à aproximação de um amigo ou de um inimigo. Amar os inimigos não pode, pois, significar que não se deva estabelecer diferença alguma entre eles e os amigos. Se este preceito parece de difícil prática, impossível mesmo, é apenas por entender-se falsamente que ele manda se dê no coração, assim ao amigo, como ao inimigo, o mesmo lugar. Uma vez que a pobreza da linguagem humana obriga a que nos sirvamos do mesmo termo para exprimir matizes diversos de um sentimento, à razão cabe estabelecer as diferenças, conforme os casos.

Amar os inimigos não é, portanto, ter-lhes uma afeição que não está na natureza, visto que o contato de um inimigo nos faz bater o coração de modo muito diverso do seu bater, ao contacto de um amigo. Amar os inimigos é não lhes guardar ódio, nem rancor, nem desejos de vingança; é perdoar-lhes, *sem pensamento oculto e sem condições*, o mal que nos causem; é não opor nenhum obstáculo à reconciliação com eles; é desejar-lhes o bem e não o mal; é experimentar júbilo, em vez de pesar, com o bem que lhes advenha; é socorrê-los, em se apresentando ocasião; é abster-se, *quer por palavras, quer por atos*, de tudo o que os possa prejudicar; é, finalmente, retribuir-lhes sempre o mal com o bem, *sem a intenção de os humilhar*. Quem assim procede preenche as condições do mandamento: "*Amai os vossos inimigos*".

Quando perguntado por Kardec, se amar o inimigo não era contrário às nossas tendências naturais e se a inimizade não era conseqüência da falta de simpatia entre os Espíritos, os orientadores responderam que: "*não se pode ter, para com os inimigos, um amor terno e apaixonado. Se o amor do próximo constitui o princípio da caridade, amar os inimigos é a mais sublime aplicação desse princípio, porquanto a posse de tal virtude representa uma das maiores vitórias alcançadas contra o egoísmo e o orgulho*".[4]

(...) "*Quando o Senhor nos aconselhou amar os inimigos, não exigiu aplausos ao que rouba ou destrói, deliberadamente, nem mandou multiplicarmos asas da perversidade ou da má fé. Recomendou, realmente, auxiliarmos os mais cruéis; no entanto, não com aprovação indébita e sim com disposição sincera e fraternal de ajudá-los a se reerguerem para a senda divina, através da paciência, do recurso reconstrutivo ou do trabalho restaurador. O Mestre preocupou, acima de tudo em preservar-nos contra o veneno do ódio, evitando-nos a queda em disputas inferiores, inúteis ou desastrosas".* ⁵

A estratégia é a ação pela fraternidade, ajudando aqueles que são os desafetos de nossa vida de relação, com todos os esforços possíveis que estejam ao nosso alcance, na certeza de que é muito melhor amar do que digladiar.

Nossa conquista do *Reino de Deus* exige de cada um o *nascer de novo*; este renascimento não é gracioso, mas o produto de lenta e sutil mudança em nossa intimidade. Assim é preciso boa vontade para começar a árdua caminhada, pautada na retidão e no amor. Daí concluirmos com Emmanuel: *"Não é fácil quebrar os antigos preceitos do mundo ou desenovelar o coração, a favor daqueles que nos ferem. Entretanto, o melhor antídoto contra o tóxico da aversão é a nossa **boa-vontade**, a benefício daqueles que nos odeiam ou que não nos compreendem".*

---

1 KARDEC, Allan. *O Livro dos Espíritos*, Q. 886.
2 KARDEC, Allan. *O Evangelho Segundo o Espiritismo*, Cap. XV.
3 Idem, cap. XII, item 3.
4 Op. cit., Q. 887.
5 XAVIER, Francisco Cândido. *Pão Nosso*, psicografia de Emmanuel, p. 286.

## 5.9. Novas disposições de luta

> *"Enquanto demoramos na fortaleza defensiva, o adversário cogita de enriquecer as munições, mas se descemos à praça, desassombrados e serenos, mostrando novas disposições de luta, a idéia de acordo substitui, dentro de nós e em torno de nossos passos, a escura fermentação de guerra".*

Todos estamos reencarnados com objetivos nobres, isto é, o de aproveitar o tempo para evoluir sempre. É óbvio que, por razões várias, sempre haveremos, mesmo sem assim o desejarmos, de encontrar os adversários de nossos propósitos. Eles, sem que percebamos, nos ajudam a crescer. Apontam os nossos defeitos, nos criticam acerbamente, e obrigam-nos a modificar certas atitudes já cristalizadas e que nós não tínhamos enxergado.

Um inimigo é como um fiscal de nossa vida, está sempre de prontidão para flagrar os mínimos erros, detonando críticas azedas na tentativa de impedir o nosso sucesso. Agindo desta forma, impedem-nos de agir com excesso de personalismo, de executar qualquer atividade sem atenção especial, por menores que sejam. De certa forma, levam-nos a corrigir a conduta, a refletir mais antes de tomar decisões. São, na realidade, mestres diante das cobiças egocêntricas.

Numa democracia, exige-se pluralidade de partidos

políticos para que, sempre através dos opositores da ideologia dominante que se encontra no poder, a prática do Poder possa ser fiscalizada. Os olhos críticos dos chamados partidos políticos são os adversários necessários para que efetivamente se fiscalizem os detentores do mando.

Os amigos, por outro lado, em muitas ocasiões, nos poupam de críticas, são condescendentes com nossas falhas. Embora não gostemos, os adversários são necessários para que se suscitem em nós disposições para mudar, diante dos erros, voluntários ou involuntários. Eles, embora se apresentem como inimigos, são companheiros de jornada que obrigam-nos a repensar nossas ações.

Os inimigos trabalham a nosso favor, ajudando-nos no desenvolvimento de nossa individualidade, apontando os nossos pontos obscuros, as nossas fraquezas e deficiências que precisam ser corrigidas. No momento em que recebemos os petardos das críticas contundentes, não entendemos bem a importância das admoestações para nossas renovações. Só mais tarde, com a devida calma, haveremos de compreender, quantos atos comprometedores poderíamos ter cometido, imprevidentemente, no esmerilhamento de nossas imperfeições, se não houvesse a participação dos nossos adversários.

Chico Xavier conta o caso de um bispo que, durante muitos anos, em Uberaba, fizera constantes perseguições ao Espiritismo e em especial a ele, o médium. Vindo a desencarnar, o Espírito de Emmanuel convoca o Chico para orarem juntos a benefício do líder católico, pois, na realidade, muito ajudara no desenvolvimento da Doutrina Espírita e no crescimento individual de todos os que foram alvos das críticas.

Na história dos anais do Espiritismo, temos também o famoso Auto-de-fé dos livros espíritas em Barcelona, na Espanha, quando, no dia nove de outubro de mil oitocentos e sessenta e um, às dez horas, no lugar onde eram executados os criminosos condenados ao último suplício, e por ordem do bispo daquela cidade, foram queimados trezentos volumes de obras espíritas. *"Seja como for, o Auto-de-fé de Barcelona com isso não produziu menos o efeito esperado, pela ressonância que teve na Espanha, onde contribuiu poderosamente para propagar as idéias espíritas"*[1]. Mais do que nunca o ato prepotente da autoridade religiosa daquela cidade ajudou na divulgação do Espiritismo. É o adversário colaborando no nosso crescimento, no caso em questão, com a Doutrina Espírita.

Temos sempre que pautar nossas ações na serenidade e fortaleza, procurando, diante do inimigo, o caminho da conciliação, e a conquista virá ao seu tempo. Se assim não agirmos, complicaremos o nosso estágio evolutivo e não sairemos do vaivém das reencarnações infelizes.

Nesta linha de raciocínio, Emmanuel, com sabedoria, aconselha o *nascer de novo*, como uma necessidade de renovação de nossas atitudes diante das adversidades, para que não caiamos na vala comum da inferioridade. Cada criatura, com base na humildade, deve ir à luta no sentido de buscar a conciliação, não esperando para amanhã, a manifestação da ira do adversário, e *"se descermos à praça, desassombrados e serenos, mostrando novas disposições na luta, a idéia de acordo substitui, dentro de nós e em torno de nossos passos, a escura fermentação de guerra"*.

Quem deseja crescer tem que demonstrar disposição de *dar o primeiro passo*, desligando-se das relações de inimizades que escravizam o ser, impedindo o seu *nascer de novo*.

---

[1] KARDEC, Allan. *Revista Espírita*, novembro de 1861, p. 32.

## 5.10. Reinicia o esforço

> *"Alguém te magoa? Reinicia o esforço da boa compreensão".*

A palavra *mágoa*, etimologicamente, vem do latim *"macula"*, que quer dizer *mancha, ofensa*; sentimento ou impressão desagradável causada por ofensa ou desconsideração.

Para a renovação de nossas atitudes na busca persistente da conquista do Reino de Deus, temos que, diante das ofensas recebidas, envidar esforços na compreensão do companheiro que perfilha conosco na jornada terrena. Todos estamos no mesmo barco, ora na condição de ofensores, ora na de ofendidos.

Muitas vezes, sem mesmo percebermos, somos causadores do nascimento de mágoas em nossos companheiros. Uma palavra pronunciada indevidamente, um comentário infeliz, um gesto menos digno, entre tantas outras ações, podem, mesmo inconscientemente, ferir a suscetibilidade de alguém. Teremos, muitas vezes, daí em diante um inimigo que estampa na face o rancor contra nós.

Se isto acontecer e, percebermos a reação contrária, do até amigo, que se afastou do nosso convívio, precisamos inquirir a nossa consciência e ir ao encontro do companheiro ferido, tentando eliminar as seqüelas deixadas, mesmo que a ação tenha sido inconsciente. Procuremos descobrir os motivos e peçamos desculpas, enquanto ainda há tempo. Na proporção do grau de perfeição adquirida, guarda-se a mágoa por mais ou menos tempo; às vezes, transportam-se para outras vidas. Estes companheiros merecem e necessitam de nossa compreensão, para que se evitem dissabores ainda maiores.

É por essa razão que Jesus, quer como sábio médico, quer como arguto psicólogo, aconselhou que nos *"reconciliássemos com os nossos adversários, enquanto nos achássemos a caminho com eles"*, ensinando-nos, dessa forma, a encontrar a verdadeira felicidade, tendo por base o amor puro e o perdão sem limites.

Mas, se no sentido contrário, somos nós os ofendidos, do ponto de vista psicológico, o problema para a alma é o mesmo. Surgindo diante de nós os problemas relacionados com discórdia, injúria, incompreensão — é o momento do gerenciamento das nossas emoções, para que a mágoa não encontre condições de habitar nossa mente. Encontrando guarida em nosso interior, fixa-se em determinado órgão de choque, desvitalizando-o. Com o tempo, a doença da alma é somatizada no referido órgão do corpo, pois as emoções desequilibradas, sejam quais forem, geram estados de enfermidades.

Quando nos magoamos profundamente e não temos naquele momento condições de perdoar, o veneno da ofensa aloja-se em nossa intimidade, produzindo estragos em nossa conduta; muitas vezes, até perdemos a racionalidade, cometendo as ações hediondas que, em situação normal, não cometeríamos.

O ofensor nem sempre, naquele momento, está expressando a normalidade de sua conduta, podendo, muitas vezes, estar envolvido em processos obsessivos, hospedeiro de mentes infelizes do plano espiritual, que se acoplam à sua faixa de vibração, influenciando o seu procedimento; doutras vezes, a criatura é desprovida do manancial espiritual que lhe permita discernir o ato cometido, pois afinal, somos criados simples e ignorantes, isto é, imperfeitos, e só a lapidação do passar do tempo traz lucidez necessária.

Com a maturidade espiritual, que fatalmente alcançaremos, saberemos a seu tempo trabalhar nossas emoções e sentimentos, sem, contudo, ignorá-las. Não é fingir que estamos imunes à dor, à ofensa, mas procurar compreender para poder educar nossas emoções.

Assim é que, se compreendermos nossos irmãos ofensores como companheiros quase sempre envolvidos em enfermidades, quer seja pelas névoas escuras da obsessão, pela ignorância de seus atos, ou ainda por adversidades do dia-a-dia, agiremos com condescendência, entendendo que passam por momentos infelizes, e que, por isto mesmo, merecem a nossa consideração.

Nós que já recebemos as bênçãos da Doutrina Espírita, devemos refletir antes de qualquer infeliz revide, sobre o sentido da necessidade da compreensão e da misericórdia devida aos nossos ofensores, para que assim encontremos em nosso interior a força do amor que nos garanta interna e externamente a edificação do *Reino de Deus*.

Ninguém pode renascer espiritualmente se, diante das adversidades, não dedicar esforço no ato de compreender a situação difícil, *tomando pé da situação* e partindo, conscientemente, para a educação de si mesmo. Nesse sentido, Emmanuel, alerta: *"Alguém te magoa? Reinicia o esforço da boa compreensão"*.

## 5.11. Persevera nos ideais nobres

> *"Alguém não te entende? Persevera em demonstrar os intentos mais nobres".*

Não basta demonstrar conhecimento ético-moral, apenas no campo teórico; é preciso exemplificar aquilo que defendemos e divulgamos. Muitas vezes, no campo doutrinário religioso, seja lá qual for a filiação, ocorrem muitos fatos negativos que contrariam tudo quanto se ensina, que logo se tornam públicos causando indignação e descaracterizando totalmente o que se pregou.

Quando não somos entendidos pelos companheiros de jornada, precisamos, através da exemplificação, demonstrar os nossos objetivos nobres, sem qualquer dissimulação. Quando efetivamente cremos naquilo que ensinamos, exteriorizamos nosso entendimento em todas as ocasiões, estejamos vigiados ou não, no grupo de fraternidade ou não. No dia-a-dia, em nossa vida de relação, precisamos exibir sem afetação o que aceitamos, no nosso falar, nos nossos gestos, nas nossas atitudes, nos momentos de dificuldades; caso não seja assim, caem por terra todas as intenções, por mais sublimes que sejam.

Meditemos sobre a responsabilidade específica das pessoas que assumem o encargo de serem orientadores das massas nas suas respectivas casas de meditação. São vigiados pelos homens, mas, em especial pelos Espíritos. Quando não refletem aquilo que ensinam e se desviam no erro da vida social, durante um tempo conseguem passar ilesos diante da óptica humana; não conseguem, todavia, ludibriar a própria consciência e os Espíritos que os cercam. O pior de tudo são as obsessões que, quase sempre, assumem proporções avassaladoras.

Como ficam as pessoas que buscam nos seus orientadores espirituais, o consolo para suas almas, muitas vezes, dilacerado pelas peripécias da vida? Diante do fracasso de seus líderes, sentem-se desoladas, sem um norte, pois tinham, muitas vezes, naquela associação religiosa a tábua de salvação. Não conseguem separar a doutrina de seus orientadores! O que é profundamente frustrante, daí o dever ser evitado sempre! Antoine de Saint Exupéry, no seu livro *O Pequeno Príncipe* alerta que, *"somos responsáveis pelas pessoas que cativamos!"*

Não podemos mais nos vincular ao ditado popular: *"Faça o que eu mando, mas não faça o que eu faço"*. O exemplo é tudo. Entre ensinar e não exemplificar é preferível exemplificar e não ensinar; quando estamos exemplificando, estamos, automaticamente, ensinando, ainda que não saibamos disso.

O exemplo de nossa conduta tem cabimento em todas as situações, independente da condição de líder espiritual. Somos diariamente observados no lar, pelos vizinhos, no trabalho... Assim, pelos bons exemplos, sem que queiramos, ajudamos as pessoas a desenvolverem suas personalidades. Daí a responsabilidade de todos, no esforço contínuo de melhoria íntima; dizemos esforço contínuo porque somos seres imperfeitos e necessitamos lutar contra as nossas más tendências.

Sobre a importância de nos conscientizarmos da força do exemplo na edificação das almas, no processo da aprendizagem, o repórter André Luiz[1] nos narra o diálogo entre Mariana e uma das senhoras do grupo, no plano espiritual, comentando sobre as derrotas sofridas na Terra:

(...) *"Nossos atos, Mariana, são muito mais contagiosos que nossas palavras"*. (...) *"Teríamos atendido perfeitamente os nossos deveres, se tivéssemos usado todas as receitas de obediência e otimismo que fornecemos aos outros"*. (...) *"Nossos instrutores, aqui, muito me recomendaram antes que para bem ensinar é necessário exemplificar melhor"*.

A título de curiosidade a *regra áurea*[2], *"amarás o teu próximo como a ti mesmo"*, divulgada por Jesus (Mateus, 22:39), não se trata de nenhuma novidade; por tratar-se de um princípio universal, já era ensinado, muitos séculos antes, por enviados da Sabedoria Divina. O que importa identificar é se esses princípios eram demonstrados, através de seus expositores, com maior ou menor exemplificação.

Vejamos como os povos, antes mesmo de Jesus, divulgavam este princípio, embora com palavras às vezes diferentes, mas com a mesma essência:

Os gregos – "Não façais ao próximo o que não desejais receber deles".

Os persas – "Fazei como quereis que vos faça".

Os chineses – "O que não desejais para vós, não façais a outrem".

Os egípcios – "Deixai passar aquele que fez aos outros o que desejava para si".

Os hebreus – "O que não quiserdes para vós, não desejais para o próximo".

Os romanos – "A lei gravada nos corações humanos é amar os membros da sociedade como a si mesmo".

Se o princípio se fragmentou, na tela do tempo, pela inaplicabilidade de seus testemunhos, com Jesus tal não aconteceu, pois ele ensinou e exemplificou, não com virtudes parciais, mas em plenitude de trabalho, abnegação e amor em todos os momentos de sua trajetória terrena. Se Jesus não tivesse sido o exemplo de suas prédicas, sua mensagem moral não se teria perpetuado. O exemplo arrasta multidão!

Em várias passagens do Evangelho encontramos sugestões do Cristo para a implantação do *Reino de Deus* em cada criatura, tendo sempre o *exemplo* como força mobilizadora na edificação desse objetivo. Quase sempre, a grande maioria, utilizando-se da projeção psicológica, preocupa-se com a modificação dos outros, esquecendo-se do ensejo do desenvolvimento de si mesmos.

Quando Jesus instrui[3]: *"Vós sois a luz do mundo; não se pode esconder uma cidade edificada sobre um monte"*, compara "as cidades edificadas sobre a montanha", que pela posição de destaque, não podem ser ocultadas, ao desenvolvimento de nossas *luzes espirituais,* que da mesma forma, devem se elevar *ao monte da exemplificação,* apesar de todas as dificuldades, obstáculos e perplexidades encontradas nas sombras do caminho.

Uma vez conquistada essa posição de *"luz do mundo"*, esta não pode ser escondida. Servirá sempre de exemplo. As adversidades do mundo não a apagam. Estará sempre irradiando sua energia através do modelo edificador, semeando a fé imorredoura.

Questiona Emmanuel: *"Alguém não te entende? Persevera em demonstrar os intentos mais nobres, através da exemplificação da conduta em todos os momentos da vida"*.

---

1  XAVIER, Francisco Cândido. *Os Mensageiros*, 53.
2  Idem, *Caminho, Verdade e Vida*, Lição 41, Regra Áurea.
3  Mateus, 5:14.

## 5.12. Renascendo cada dia no Bem

> *"Deixa-te reviver, cada dia, na corrente cristalina e incessante do bem".*

Todo *bem* que a criatura pode realizar na busca de sua evolução traz como resultado o armazenamento de felicidade, refletindo numa paz que o mundo não pode dar. Essa paz alcançada pela prática do *bem* não pode ser avaliada pelos acontecimentos havidos no exterior, pois é uma conquista íntima, que não se prende a ausência de conflitos, e que permanece sempre conosco, mesmo diante das adversidades.

Kardec, buscando uma definição dos Espíritos, pergunta-lhes como se pode distinguir o bem do mal? A resposta é de lúcida clareza[1]: *"O bem é tudo o que está de acordo com a lei de Deus e o mal é tudo que dela se afasta. Assim, fazer o bem é se conformar com a lei de Deus; fazer o mal é infringir essa lei".*

Assim, todo bem que produzimos, não importa a quem nem em que local se realizou, é sempre crédito espiritual em depósito de quem o praticou; por essa razão temos de trabalhar incessantemente no bem, em todos os momentos, pois o beneficiado somos nós mesmos; o amanhã é reflexo das horas laboradas no *hoje*. Adverte Paulo[2]: *"E vós, irmãos, não vos canseis de fazer o bem"*. Diante desta orientação, entende-se que só cansa na prática do bem quem ainda está algemado ao passado, nas teias do mal de si mesmo.

O conhecimento do bem é tão importante que o apóstolo Tiago[3] alerta: *"Todo aquele que conhece o bem e não o pratica comete erro"*. No mesmo sentido, os Espíritos Superiores, que co-participaram na elaboração de *O Livro dos Espíritos*,[4] ratificam o já mencionado ensinamento. Questiona Kardec: "Será suficiente não se fazer o mal, para ser agradável a Deus e assegurar a sua situação futura"? Eles, ampliando o entendimento, respondem, categoricamente: *"Não: é preciso fazer o bem, no limite das próprias forças, pois cada um responderá por todo o mal que tiver ocorrido por causa do bem que deixou de fazer"*.

A Doutrina Espírita traz assim, de forma racional, o entendimento de que cada criatura assume as rédeas do processo de melhoria íntima, evidenciando justiça e responsabilidade na conquista do Reino de Deus. Não basta "ter fé" de que tudo estará solucionado sem o esforço individual, que cada criatura deve empreender em seu próprio benefício; alcançar o aperfeiçoamento pela *graça*, sem luta, é ilógico. Da orientação dos Espíritos fica claro que não basta apenas não fazer o mal. É preciso ir mais além: fazer todo o *bem* possível, de acordo com nossas possibilidades porque por todo o mal que resultar da ausência do bem, isto é, pela nossa cômoda omissão, seremos chamados à responsabilidade.

Os ensinamentos morais de Jesus sempre foram e serão incentivos para que todos busquem no dia-a-dia a prática constante do bem. É preciso, todavia, agir em benefício do bem, enquanto as possibilidades nos beneficiarem, pois, no dizer de André Luiz, *"É perigoso guardar uma cabeça cheia de sonhos, de mãos desocupadas"*[5];

muitas vezes, por comodismo, continuamos "dormindo" no nosso passado, sem vontade de arregaçar as mangas na construção de nosso presente, preparando o futuro inexorável.

Este reviver o passado, sem renovar-se no presente, levou Jesus[6] a advertir: *"Ninguém põe remendo de pano novo numa roupa velha, porque tiraria a consistência da roupa e o rasgão ficaria pior"*. São orientações àqueles que permanecem paralisados frente aos ensinamentos de que ele é portador, permanecendo enraizados às idéias passadas; o momento presente é o ideal para o nosso crescimento espiritual, e nós só podemos *sentir o aqui e agora*, pois tentar sentir o ontem é *ressentir*, e por conseqüência, nem sempre são válidas e autênticas nossas emoções do ontem para avaliação do nosso tempo atual.

Em seus ensinamentos Emmanuel[7], em comentário à citação de Tiago (4:17), arremata com inteligência: *"Quem sabe o que deve fazer, e não faz, deserta dos deveres que lhe competem, caindo em omissão lamentável, e se, intenta atrapalhar quem procura fazer, certamente responderá com dobradas obrigações pelo que não fizer"*.

Singular é a análise de Emmanuel[8], quando comenta a idéia de *meio-bem*, referindo-se às pessoas, que muito embora não neguem a eficácia da prática do bem, exigem, no entanto, do favorecido, tributos de gratidão. Ora, o bem verdadeiro deve ser praticado sem egoísmo e levado a efeito sem interesses secundários, tal como realizou a viúva do Evangelho que doou de si mesma duas moedas sem nada exigir em troca.

É preciso que analisemos nossa conduta na beneficência e verifiquemos se não estamos catalogados na lista dos que praticam *o meio-bem*. Quantas vezes vemos criaturas que praticam algum benefício qualquer e, se não recebem dos beneficiados aquela atitude de *curvar a cerviz* em agradecimento, ou em manifestações elogiosas ao doador, são tidos como ingratos. E dizem: "Passou por mim e nem se lembrou mais!", ou então, "É um ingrato, nem me agradeceu!". Fez o bem, mas o fez pela metade, pois não fez pautado no verdadeiro amor.

O Espírito Neio Lúcio conta a história da *caridade desconhecida*"[9]. Depois de vários debates entre os discípulos sobre a prática do bem, a maioria já se inclinava a admitir que *"somente os poderosos da Terra se encontram à altura de estimular a piedade ativa"*, quando o Mestre interveio e contou a trajetória de um devoto da Lei, que trazia na alma, como programação reencarnatória, o exercício da beneficência, mas que, de modo algum, em razão da família enorme, tinha condições de retirar mínima parcela de seu salário no socorro aos semelhantes.

Reconhecendo-se sem condições de realizar a caridade pública, podia, no entanto, colocar como meta guerrear o mal em todas as circunstâncias da vida. Passou, entre tantas outras ações, a extinguir os pensamentos inferiores, que lhe eram sugeridos; diante da cólera fácil dos semelhantes, recolhia-se à quietude, por considerar a ira enfermidade digna de tratamento; a calúnia não encontrava acesso em sua alma, em razão de seu grande silêncio; seu zelo contra a incursão e extensão do mal, levava-o a retirar detritos da via pública, para não oferecer perigos aos transeuntes.

Voltou ao plano espiritual sem poder estender uma tigela de sopa ou ofertar um cobertor aos irmãos necessitados; no entanto, foi recebido aureolado de luz e foi informado, diante das lágrimas que corriam na face, que o seu triunfo era conseqüência de seu combate contra o mal, em que se fizera valoroso empreiteiro.

Na conclusão da história, orienta Neio Lúcio: *"Distribuamos o pão e a cobertura, acendamos luz para a ignorância e intensifiquemos a fraternidade aniquilando a discórdia, mas não nos esqueçamos do combate metódico e sereno contra o mal, em esforço diário, convictos de que, nessa batalha santificante, conquistaremos a divina coroa da caridade desconhecida".*

---

1 KARDEC, Allan. *O Livro dos Espíritos*, Q. 630.
2 Paulo, II Tessalonicenses, 3:13.
3 Tiago, 4:17.
4 Op. cit., Q. 642.
5 XAVIER, Francisco Cândido pelo Espírito de André Luiz, *Agenda Cristã*, p. 53.
6 Mateus, 9:16.
7 Id. *Caminho Verdade e Vida*, Lição 99, p. 215.
8 Id. *Livro da Esperança*, Lição 29, "meio-bem", p. 93.
9 Id. *Jesus no Lar*, lição 20, "A Caridade Desconhecida".

## 5.13. É preciso nascer de novo

> *"Não olvides a assertiva do Mestre: — "Aquele que não nascer de novo não pode ver o Reino de Deus".*

É sempre bom estarmos atentos e não sermos enganados por sugestões do mundo, que nos impulsionam, em razão de nossas imperfeições, à busca dos prazeres momentâneos, que, uma vez alcançados, o vazio toma conta e passa a fazer morada em nossa intimidade.

A assertiva do Mestre não deve ser esquecida, porque o *nascer de novo*, referindo-se ao renascimento em novo corpo, através da reencarnação, só tem sentido se o Espírito, utilizando-se do tempo na carne, *nascer de novo* psicologicamente, isto é, renovar-se interiormente. Renascer na carne para progredir espiritualmente até atingirmos a condição de Espíritos Puros.

É essa renovação diária, em todos os momentos, que dá à criatura a oportunidade de se autodescobrir, refazendo atitudes errôneas, corrigindo rumos tomados irrefletidamente, recomeçando onde errou, educando e administrando as emoções. Precisamos trazer à tona o nosso inconsciente para decidirmos que rumo tomar. É a conquista, paulatina, do *Reino de Deus*, para fazer brilhar a nossa luz.

Vejamos que primeiro temos que aceitar as emoções

da raiva, das mágoas acumuladas em nosso interior, para depois dar vazão a elas. Na realidade, aprisionar as tensões emocionais é doença na certa. Liberar em cima dos nossos semelhantes complica mais a situação. Então, o que fazer? O certo é criar mecanismos para *desbloquearmos* esses sentimentos represados e iniciar a sua liberação, o quanto antes.

Uma coisa é certa, as emoções recalcadas em nosso interior, quando não resolvidas, confundem a mente e depositam-se em certas partes do corpo. Se não houver libertação de nossas mágoas passadas, nosso comportamento se expressará com uma série de dores, tensões e sofrimentos.

A técnica é colocar para fora todas as emoções represadas, sem, no entanto, prejudicar a si mesmo ou quem quer que seja.

Pode-se expressar fisicamente, utilizando-se de alguns artifícios, como por exemplo: esmurrar travesseiros, sacos de areia, colchão, sem qualquer constrangimento. O importante é que, depois do banimento das emoções negativas, encontraremos um certo alívio, abrindo espaço para novas experiências, que, certamente, serão positivas, se assim o quisermos.

Os psicólogos ensinam, ainda, outros métodos para o desbloqueamento de emoções conflitivas represadas, como gritar, escrever carta enraivecida – constando nela todo o nosso ódio e, depois queimá-la; caminhar, ouvir músicas tranqüilizantes, praticar um esporte qualquer ou outras atividades que nos distraiam dos tais aborrecimentos...

O *nascer de novo* representa a oportunidade de aceitarmos, sem camuflagem, o que somos e lutar para eliminar as culpas e conflitos conscienciais de que somos portadores, não só adquiridos na atual existência, como também aqueles acumulados ao longo das existências anteriores. De posse dos conflitos interiores podemos externar a nossa verdadeira personalidade, sem dissimulação; muitas vezes agimos de acordo com o padrão social exterior, isto é, *somos o que os outros querem*. Nessa aparência, somos infelizes e não desenvolvemos o nosso potencial, pois, no caso, somos apenas *homens espelhos*.

O *nascer de novo* é compreender que cada criatura é dotada de um potencial divino, ainda em estado dormente, e que cabe a cada um, por seus próprios esforços, na expressão de Aristóteles, *atualizar*. Na expressão de Jesus, é desenvolver o *Reino de Deus*, que ele chamou de *"luz sob o alqueire"*, o *"tesouro oculto"*, a *"pérola preciosa"*. Os obstáculos encontrados pelos caminhos são os *testes* necessários para o desenvolvimento desta semente divina gravada em nossas consciências.

Os conflitos cristalizados em nosso interior não mudarão se não enfrentarmos a questão e buscarmos a nossa transformação, pois, do contrário, mantê-los escondidos e aprisionados complicam a nossa existência. Muita gente procura mudar de cidade, de local de trabalho, ou ainda busca novos afetos, julgando que com isso haverá uma mudança radical em seu interior. Ledo engano. Temos de trabalhar nossas emoções conflituosas, burilando e canalizando nossas energias, para conquistarmos efetivamente a nossa cura. Diz Hammed[1]: *"Os nossos conflitos não conhecem as divisas da geografia e, se não encarados de frente e resolvidos, eles nos acompanharão e estarão conosco onde quer que estejamos"*.

Sobre a questão, de que os nossos conflitos nos acompanham onde estivermos, Richard Simonetti[2] conta-nos elucidativa história, a que deu o nome de *A Cor do Mundo*:

O ancião descansava em tosco banco, à sombra de uma árvore, quando foi abordado pelo motorista de um automóvel que estacionou ao seu lado:

— Bom dia!

— Bom dia!

— Mora aqui?

— Sim, há muitos anos...

— Venho de mudança. Gostaria de saber como é o povo.

— Fale antes da cidade de onde vem.

— Ótima. Maravilhosa! Gente boa, fraterna...Fiz muitos amigos. Só a deixei por imperativos da profissão.

— Pois bem, meu filho. Esta cidade é exatamente igual. Vai gostar daqui.

O forasteiro agradeceu e partiu. Minutos depois apareceu outro motorista:

— Estou chegando para morar aqui. O que me diz do lugar?

— Como é a cidade de onde saiu?

— Horrível! Povo orgulhoso, cheio de preconceitos, arrogante! Não fiz um único amigo!

— Sinto muito, meu filho, pois aqui encontrará o mesmo ambiente...

Interessante! É bem isso que acontece quando não cuidamos de nossos conflitos. Eles nos acompanham onde estivermos, não importa a cidade, o emprego ou os novos grupos de relacionamentos. Afinal, somos o que pensamos!

O *nascer de novo* pode ser entendido na passagem em que Jesus encontrou com a mulher samaritana, no poço de Jacó, oferecendo-lhe a água viva: *"Aquele que beber da água que eu lhe der se fará nele uma fonte d'água que salte para a vida eterna"*.³ Quando encontramos a fonte viva, *Reino de Deus em nós mesmos*, jamais a deixamos, porque passamos a entender que esta água pura que sacia a sede é o encontro da criatura com seu Criador, de forma indireta, através de suas leis gravadas em nossa consciência.

O *nascer de novo* é erradicar de nosso interior os nossos medos, quer estejam conscientes ou mesmo inconscientes. Quando estão conscientizados, são atuais, a tomada de decisão fica mais fácil e podemos, desde logo, trabalhar na sua eliminação; na confissão às pessoas de nossa confiança, iremos perceber, quase sempre, que não se justifica mantê-los na convivência de nossa intimidade, porque o fato, na realidade, talvez não seja daquela maneira como estamos encarando a situação. Quando estão gravados profundamente em nossa consciência, suas raízes nos prendem às existências passadas e até que os descubramos, eles interferem em nossas condutas, dificultando a vida normal e feliz.

Precisamos buscar na prece sincera, na conversa franca com Deus, com humildade, aquela força necessária para trazermos à consciência as emoções radicadas profundamente, e daí cuidarmos de sua canalização para a melhoria de nossa conduta. Enfrentar essa mudança, bem o sabemos, não é fácil, mas precisamos perseverar, porque ninguém, mas ninguém mesmo, vai solucionar esses problemas íntimos senão nós mesmos. Podemos, é claro, receber auxílio, através de conselheiros, amigos religiosos, psicólogos, mas a mudança é pessoal. André Luiz [4] ensina: *"Lembre-se de que você mesmo é o melhor secretário de sua tarefa"*. Do que se conclui que se você não estiver disposto a tomar o comando de sua cabine, as ajudas externas serão inócuas.

Para a conclusão deste comentário, reflitamos sobre o *Salmo do Amanhecer* [5], que nos conclama à renovação:

### *Salmo do Amanhecer*

Quero nascer de novo cada dia que nasce.
Quero ser outra vez novo, puro, cristalino.
Quero lavar-me, cada manhã, do homem velho.

Da poeira velha, das palavras gastas,
Dos gestos rituais.
Quero reviver a primeira manhã da criação,
O primeiro abrir dos olhos para a vida.
Quero que cada manhã
A alma desabroche do sono
Como a rosa do botão, e surja,
Como a aurora do oceano,
Ao sorriso dos teus lábios,
Ao gesto de tua mão
Quero me engrinaldar para a festa renovada
Como se cada dia nos convidasse
E desdobrar as asas como a águia
Em demanda do sol.
Quero crer, a cada nova aurora,
Que esta é a definitiva,
A do encontro com a felicidade,
A da permanência assegurada,
A do teu sim definitivo.

Emmanuel, por isso, nos adverte: "*Não olvides a assertiva do Mestre: — 'Aquele que não nascer de novo não pode ver o Reino de Deus'*".

---

1 SANTO NETO, Francisco do Espírito. *Renovando Atitudes*, pelo Espírito de Hammed, p. 110.
2 SIMONETTI, Richard, *Uma razão para viver*, p. 74-75.
3 João, 4:14.
4 XAVIER, Francisco Cândido. *Agenda Cristã*, lição 42.
5 ALVES, Dionísio Furtes. *Preces e Mensagens Espirituais* Lição: Salmo do amanhecer, extraído da internet, no *site*: www.bonecadetrapo, hgp.ig.com..Br/salmos/htm..

## 5.14. Renasce agora

> *"Renasce agora em teus propósitos, deliberações e atitudes, trabalhando para superar os obstáculos que te cercam e alcançando a antecipação da vitória sobre ti mesmo, no tempo"...*

Já comentamos sobre a afirmação do Cristo (Mateus, 5:25) *"Reconcilia-te depressa com o teu adversário, enquanto estás a caminho com ele (...)"*, analisado sob o ponto de vista exterior, isto é, quanto ao *acordo* que devemos manter com os inimigos, evitando-se, dessa forma, além de emoções doentias represadas em nosso interior, a transferência da animosidade para o plano espiritual, após o desencarne; a idéia de perseguição continua em Espírito.

Faremos agora, uma reflexão, sob o aspecto interior, dando uma acepção mais ampla à idéia de *"reconciliar com o inimigo"*, pois muitas vezes não os temos em nossa vida de relação atual, mas carregamos na alma profundo desequilíbrio, com manifestações de angústia avassaladora e sofrimentos atrozes. Daí entendermos que, muitas vezes os inimigos *não estão lá fora*, mas dentro de nós mesmos!

Às vezes jogamos a culpa de nosso fracasso, tão-somente em nossos inimigos externos, quando na realidade temos que cuidar de nossos inimigos internos. *"O grande adversário que temos está sempre conosco, mora e dorme constantemente em nós. Ele se apresenta como nossas culpas, nossos complexos, nossa sombra, nossas projeções negativas, e como o grande ser desconhecido que somos"*.[1]

O inimigo externo, quase sempre, *mostra a sua cara*, identificando-se como tal e, como fiscal de nossa conduta, nos ajuda com indicações das nossas falhas; geralmente, estas nódoas de nosso comportamento, não são percebidas por nós mesmos, e, os adversários nos colocam *nus*, com suas críticas, em evidência. Por outro lado, os inimigos internos são mais difíceis de ser detectados e corrigidos, pois estão infiltrados nas nossas imperfeições.

Sócrates, filósofo grego, século V, antes do Cristo já se preocupava com a necessidade da criatura conhecer a sua origem e a sua natureza, afirmando: *"Conhece-te a ti mesmo"*. Vale dizer, voltar para dentro de si e buscar nos escaninhos da alma as raízes do comportamento. Jesus, arguto psicólogo, penetrando na alma das criaturas percebia que esses erros ficavam ocultos na sombra da mente, sendo, portanto, imperceptíveis à própria pessoa; por isso, o processo da cura verdadeira, lembrando-nos *"Conhecereis a verdade e esta vos libertará"*.[2]

À medida que contatamos com a verdade nos libertamos das algemas do passado. Só conseguiremos ter, efetivamente, vida em abundância quando deixarmos de reviver as experiências amargas de mágoas, de culpa ou de ressentimentos do nosso passado, atual ou remoto; este último vinculado às construções negativas nas vidas pretéritas. Quantas vezes a criatura – embora possa até freqüentar uma determinada religião, praticar seus cultos, seus rituais litúrgicos – não consegue a chamada *vida em abundância*, prometida por Jesus; está sempre ansiosa e atormentada pelas recordações de tristeza e erros cometidos. Sente-se como que imantada pelas ações infelizes praticadas por ela mesma ou por outro semelhante, parente ou não. Essas recordações quando intensas impedem a criatura de construir o seu presente. Diz o ditado popular *águas passadas não movem moinho*. As recordações infelizes adormecem a vontade para a realização de ações edificantes.

Muita gente remoendo as recordações infelizes prende-se em lamentações, dizendo: *Se eu pudesse, com a experiência que tenho hoje, voltar ao passado, não cometeria tais erros!* Ora, o que temos que fazer é prosseguir em frente. O futuro é o resultado do hoje. Paulo, o valoroso apóstolo, só depois de muita perseguição ao Cristianismo nascente, tendo sido inclusive o responsável pelo apedrejamento de Estêvão, mudou radicalmente sua vida, às portas de Damasco, após o encontro com Jesus. Já imaginou se ficasse preso a todas as atrocidades que fizera em nome da lei judaica, aos primeiros apóstolos? Não teria a doutrina do Cristo a enorme propagação. Muitos dizem que, se não fora Paulo, o Cristianismo não seria o que é hoje. Pois bem, numa de suas Cartas ele afirma: *"Uma coisa faço: esquecendo-me das coisas que para trás ficam e avançando para as que diante de mim estão, prossigo para o alvo"*. [3]

Quando Jesus aborda sobre *"dar vida em abundância já"*, são as condições de equilíbrio que devemos ter agora, isentos de mágoas que nos acorrentam ao passado. Vida em abundância é a vida saudável, baseada na fé, confiança, serenidade, amor que são os ingredientes indispensáveis ao nosso bem-estar físico, emocional e espiritual.

No Evangelho de João, Jesus adverte: *"O ladrão vem somente para roubar, matar e destruir; eu vim para que tenham vida e a tenham em abundância"*.[4] O ladrão aqui não é a figura externa (inimigo) que se apropria de nossos bens; mas o produto de desarmonias que carregamos na alma, representado por nossas inquietações, tristezas, angústias e frustrações, arquivadas em nosso inconsciente. A proposta de Jesus é para mudarmos o foco de nossas ações e encontrarmos a vida verdadeira, isto é, a vida saudável e em abundância. Mas como encontrar essa vida em abundância? Apaziguando os nossos corações e reconciliando-nos com os inimigos internos que nos roubam a paz e obstam a nossa alegria de viver.

O roteiro para o nosso aperfeiçoamento está expresso no convite do Mestre: "*Eu sou o caminho, a verdade e a vida, ninguém chega ao Pai senão através de mim*".[5] Deixou-nos através dos Evangelhos a orientação para alcançarmos esta vida feliz. Mas, não virá num *passe de mágica* a conquista da verdade e da vida em abundância. Ele mostra o caminho do bem, transmite as verdades eternas e mostra como conquistar essa vida de amor e de paz. É só isso! Agora, cada um deve conquistar por si mesmo, caminhando com seus próprios pés, buscando a verdade eterna e, por conseqüência, alcançando a vida em toda a sua plenitude...

O maior adversário nosso somos nós mesmos. A vitória nem sempre está no exterior, mas dentro de nós. Para se reconciliar com esses adversários, são necessários: "*confessar-se a si mesmo e confessar ao próximo*"[6].

No primeiro caso, é quando admitimos nossas próprias imperfeições e dificuldades internas. É uma auto-análise sobre nossas emoções, os pensamentos que cultuamos, procurando identificar os nossos equívocos. Temos que *encarar* nossas imperfeições e não fugir, projetando-as nos *outros*. Após identificar e reconhecer os sentimentos, que estamos represando em nosso interior, é necessário ir à luta, aceitando e educando essas emoções. Sufocar as emoções é criar um caos interior. Ame-se o suficiente para se permitir dar vazão às suas emoções. Deixe que seus sentimentos venham a tona.

No segundo caso é confessar a alguém de nossa confiança todo o peso da culpa, relatando tudo aquilo que vai na alma e que nos traz verdadeiros tormentos em nossa consciência, levando-nos enfermidades.

Para a cura de nossas lembranças infelizes, ensina Tiago[7]: "*Confessai, pois, os vossos pecados uns aos outros, e orai uns pelos outros, para serdes curados*". O apóstolo, por essa recomendação, orienta aqueles que estão em sofrimentos, por culpas conscienciais, e enfatiza a importância da *catarse*, que é uma forma de purificação da alma provocada pelo expurgo *conscientizado* de uma lembrança fortemente emocional e/ou traumatizante, até então reprimida.

Reconheceu ele a importância da confissão – não a auricular, utilizada pela Igreja –, mas a necessidade de dividir com alguém seus conflitos psíquicos, com o intuito de aliviar a ansiedade, que produz inúmeras enfermidades.

Hoje, felizmente, a grande maioria das Casas Espíritas está adotando o chamado *atendimento fraterno*[8], que é um processo de ouvir, confidencialmente, os visitantes que procuram os ensinamentos da doutrina na cura para os seus males. Não há dúvida que alguns casos são relacionados a processos obsessivos e que a doutrina tão bem sabe como tratar desses fatos; mas a maioria dos consulentes traz problemas de conflitos emocionais que, com aconselhamento, leitura de livros com mensagens positivas, palestras, passes, educam, gradativamente, as emoções e, quanto ao tempo necessário para a melhoria, vai depender do esforço de cada um.

Muitas vezes, depois de várias sessões de orientações, o paciente, mudando o pensamento, adquirindo autoconfiança, adquirindo hábitos de leitura, começa a melhorar sua condição emocional e volta ao equilíbrio normal. Passa a perceber que os erros cometidos são conseqüências da própria evolução do ser espiritual. Em razão do livre-arbítrio de que somos dotados, erramos muito, mas por ignorância, isto é, falta de conhecimento. Isso é normal, pois Deus não nos criou perfeitos. Tiago ensina que *"Deus não leva em conta os tempos de ignorância"*.[9] Não devemos, portanto, eternamente carregar o complexo de culpa. É aceitar e corrigir. Ou na expressão de Jesus: *"Vá e não peques mais!"* Em outras palavras, Jesus orienta as criaturas a não incorrer nos mesmos erros, pois, se insistir no mesmo engano, o mal persistirá.

1 NOVAES, Adenáuer. *Psicologia do Evangelho*, p. 79.
2 João, 8:32.
3 Filipenses, 3:13-14.
4 João, 10:10.
5 João 14:16.
6 NOVAES, Adenáuer, idem, p.79.
7 Tiago, 5:16.
8 Sobre o assunto, Rubens Braga e Celso Martins, lançaram um livro, *Centro Espírita*, editado pela EME, 1.ª edição, 2003. Na verdade, são dois volumes sobre *Centro Espírita*, um sobre *Atendimento Fraterno e Aplicação do Passe* e o outro expondo *Diretrizes Básicas e Unificação*. Vale lembrar que esses livros integram uma trilogia elaborada pelo Rubens Braga e Celso Martins, de vez que saiu também pela mesma EME o volume a respeito das *Reuniões Mediúnicas*.
9 Idem, Atos 17:30.

## 5.15. Nascer de novo é conquista pessoal

*"Renasce agora (...) trabalhando para superar os obstáculos que te cercam"...*

Quando Jesus assevera que temos de *nascer de novo*, não se pense irá ele (ou esta ou aquela religião) realizar por nós as tarefas espinhosas que nos cabem, não nos libertará da inferioridade a passes de mágica, de arrependimento ou de valores terrestres, mas ensina-nos como conseguir a auto-estima, a auto-iluminação, a auto-entrega, facultando a cada um de nós encontrar a paz e vivê-la.

A vida na Terra sempre nos oferece, a todo o momento, oportunidades inúmeras para nossa renovação. Cada instante surge como ensejo propiciador de nascer de novo, começando novas etapas em nossas vidas na conquista de nossas potencialidades. É necessário, todavia, vontade e perseverança do próprio espírito para mudar.

A natureza nos mostra que tudo acontece obedecendo a harmonia das leis divinas, que são eternas e imutáveis. Desde as menores criações do Universo, tudo a seu tempo se renova. Há como se fosse um *relógio* sempre em estado de alerta despertando o momento adequado para a mudança: as aves migram e regressam em épocas certas do ano; os animais domésticos demonstram a capacidade de orientação e localização; as árvores, no momento aprazado, revestem-se das forças para recomeçar o seu ciclo: folhas, flores e frutos.

Entre as aves, temos a águia, um exemplo de extraordinária força de vontade que, para renovar precisa, inicialmente, se despir de seus revestimentos, mudar sua roupagem estrutural, reiniciando uma nova etapa evolutiva. Cabe a todos nós, a exemplo dela, sentir o fluir da serenidade interior e da felicidade, após suplantarmos o passado e conquistarmos o novo nascimento. Senão, vejamos:

A águia é a ave que possui maior longevidade na espécie. Chega a viver setenta anos. Mas para chegar a essa idade, aos quarenta anos, tem que tomar uma séria e difícil decisão.

Aos quarenta anos, está com as unhas compridas e flexíveis e não consegue mais agarrar suas presas, das quais se alimenta. O bico alongado e pontiagudo se curva. Apontando contra o peito estão as asas, envelhecidas e pesadas em função da grossura das penas, e voar já não é tão fácil!

Então a águia só tem duas alternativas: Morrer, ou enfrentar um dolorido processo de renovação que irá durar cento e cinqüenta dias.

Esse processo consiste em voar para o alto de uma montanha e se recolher em um ninho próximo a um paredão onde não necessite voar. Então, após encontrar esse lugar, a águia começa a bater com o bico em uma parede até conseguir arrancá-lo.

Após arrancá-lo, espera nascer um novo bico, com o qual vai depois arrancar suas unhas. Quando as novas unhas começam a nascer, ela passa a arrancar as velhas penas.

E só cinco meses depois, ensaia o formoso vôo de renovação para viver então mais trinta anos.

Que bela lição esta mensagem da águia, descrita por um autor desconhecido. Aí vemos a presença de Deus, que se manifesta em todos os seres da natureza. No momento certo, o seu relógio interno desperta e lhe comunica que para sobreviver terá que mudar. Ou muda ou morre!

Quantas vezes buscamos ensinamentos que nos despertem ou que nos impulsionem para sairmos da tristeza, da escuridão de que muitas vezes somos tomados. Há dias em que estamos à procura de um livro, uma reportagem, um filme ou fato do cotidiano que possam dar o chamado *insight*, que nos mostrem uma nova óptica de vida para aquele momento. Não há dias assim com você também?

Essa história da águia, que não é ficção ou invenção, encaixa-se perfeitamente nesses dias, levando-nos a repensar a vida, com todos os seus problemas, dificuldades; afinal por que estamos reencarnados? Temos objetivos maiores. Somos seres em evolução e cada qual dará conta de sua administração, como nos mostra a parábola dos talentos, tão bem elucidada por Jesus.

Em nossa vida, muitas vezes, temos de nos resguardar por algum tempo e começar um processo de renovação. Para que continuemos a voar um vôo de vitória, devemos nos desprender de lembranças, costumes, velhos hábitos que nos causam dor.

Somente livres do peso do passado, poderemos aproveitar o resultado valioso que a renovação sempre nos traz.

É totalmente improdutivo ficarmos remoendo o passado. As lembranças negativas só nos trazem tristezas, entorpecendo a nossa capacidade de pensar claro.

Diante da beleza dessa história real, entendamos que necessitamos da busca de renovação, que nem sempre é fácil. É uma tomada de consciência, que exige quase sempre mudanças de velhos hábitos, crenças, vícios, já cristalizados em nossa personalidade.

É o abandono da *porta larga*, que sempre nos conduz

às buscas apenas materiais, para começar um novo mundo, a chamada *porta estreita* da renovação. É, quase sempre, um processo doloroso. No entanto, uma vez encontrada a *pérola escondida*, faremos vender tudo para mantê-la conosco, e o faremos com felicidade, porque sabemos que estamos caminhando para o desabrochar do *Reino de Deus* em nós.

"*Os que esperam no Senhor renovam suas forças, sobem com asas como águias; correm e não se cansam, caminham e não se fatigam*".[1] É assim que ocorre quando decidimos pela renovação. Somos tomados de uma força espiritual, até então desconhecida. Vamos trabalhar, correr, modificar e não encontraremos o cansaço, pois, afinal, encontramos o caminho da paz, que o mundo não pode dar, conforme Jesus nos dissera.[2]

Aliás, Paulo expressou, em carta aos Coríntios: "*Quem está unido com o Cristo é uma nova pessoa; acabou-se o que era velho, e já chegou o que é novo*".[3] Entenda-se, nesse caso, que os ensinamentos morais do Cristo são universais e, ao praticá-los, aproximamo-nos de Deus. Esse mecanismo para a renovação, bem o sabemos, não é fácil, ou melhor, não se consegue num *piscar de olhos*. Temos muita facilidade para lembrar o que não é preciso e não conseguimos esquecer rapidamente, o que é necessário.

Na verdade, o que fazemos é a utilização de um mecanismo de defesa que se chama *repressão*, isto é, escondemos no subconsciente as nossas lembranças amargas; não procuramos trabalhar com elas, ficando ativas e fortes em nosso eu e agindo sobre o hoje, como se fosse o momento em que elas ocorreram. Obviamente as dores e aflições sentidas à época da ocorrência voltam à tona trazendo-nos doenças. Paulo havia conseguido, praticando os ensinamentos universais de Jesus, acabar com o homem velho, nascendo de novo. É esse o convite do apóstolo. Não há outro caminho para a conquista da felicidade.

É necessário, portanto, a renovação, tal como a águia, não tendo medo de enfrentar a dor, o isolamento, exercitar a paciência, a resignação, a tolerância. Ter um objetivo, uma determinação. Acreditar que é para melhor. Que cada um possa despertar um pouco da águia que está potencializada dentro de si mesmo.

---

1 Isaías, 40:31.
2 João, 14:27.
3 2 Coríntios, 5:17.

## 5.16. Nascer de novo agora

> "*Renasce agora, (...) alcançando a antecipação da vitória sobre ti mesmo*"...

Em nosso processo evolutivo, vamos arquivando no nosso inconsciente as experiências negativas não assimiladas pelo consciente e aí aparentemente *dormem*, em berço esplêndido, mas, com a possibilidade de emergir sob a forma de conflitos. Todos nós somos portadores, em grau variável, de acordo com a maturidade de cada um, desse estado penoso de consciência.

Podemos definir conflitos, como os nossos desejos frustrados, ambições contrariadas, enfim, aquilo que não conseguimos pela lógica e pela razão ainda solucionar. O porão da alma os recebe em forma de recalques, e lá ficam até que haja uma solução, ou então, manifestam em nossa vida, alterando a nossa conduta e acarretando doenças e disfunções várias.

Quando Jesus recomenda aos seus discípulos, "*Curai os enfermos* (...) *e ressuscitai os mortos*"[1] (...), não tem outro sentido senão ajudar as criaturas a buscar nos escaninhos da alma as grandes mazelas conflitivas que estão aparentemente *dormindo*, mas que, por termos *escondido* de nossa vida consciente, julgamos que estão mortas. Só que elas estão influenciando em todos os momentos o nosso comportamento.

Não adianta dizer que nesta vida não dá mais tempo, fugindo do objetivo maior de nossa existência que é o crescimento espiritual. Nascemos para evoluir e ser felizes. Temos que encarar os obstáculos com fé em Deus e em nós mesmos, removendo, o quanto antes, todos os obstáculos que nos impedem de alcançar a nossa plenitude.

A sugestão, dada por Emmanuel, é para que renasçamos agora, não deixemos para outro dia, ou para outra reencarnação, os propósitos, deliberações e atitudes, trabalhando para superar os empecilhos, as mazelas conflitivas que nos cercam antecipando a vitória sobre nós mesmos. Veja que a vitória não é sobre ninguém, mas sobre nós mesmos!

Se não estivermos dispostos a mudanças, por mais que tenhamos bons orientadores, amigos fiéis, conselheiros religiosos ou psicoterapeutas, vamos continuar parados e sem perspectiva. Preferindo viver no passado, rememorando situações e condições negativas, algemamo-nos na nossa prisão interior permanecendo sempre emperrados sem expectativa de progresso. Ninguém, mas ninguém mesmo, vai resolver os nossos problemas.

Tem-se observado pela mídia, em especial, nos programas religiosos, uma verdadeira obsessão de se colocar a culpa em terceiros, pelos erros que não queremos aceitar como nossos. É mais cômodo transferir nossas culpas ao invés de assumi-las. Para fugir das responsabilidades, dizem que é culpa do *maligno* (demônio, satanás), pelo que existe de errado em nossa vida. No Espiritismo, quantas criaturas que procuram as Casas Espíritas, dizendo que estão sendo perseguidas pelos *Espíritos* e acham que, num lampejo, serão curadas milagrosamente. Não se descarta, em certos casos, a possibilidade da participação do Espírito sofredor, no problema que alguns apresentam. Mas, a grande maioria traz sérios problemas conflitivos, que precisam ser trabalhados, buscando as causas na própria intimidade de cada um. Na verdade, o grande artífice de nossos desequilíbrios somos nós mesmos, em razão do mau uso de nosso livre-arbítrio.

Às vezes abrigamos muitos conflitos, tensões, ansiedades e exagerado senso de culpa em alguma área de nossa vida. Essas doenças psíquicas tendem a se manifestar sob a forma de enfermidades orgânicas. As lembranças ficam *escondidas*, acarretando uma infinidade de distúrbios físicos e emocionais.

Pensamos, ingenuamente, que podemos mudar de comportamento, sem trabalhar nossas emoções doentias, achando que elas ficaram *mortas*, para trás; na realidade, ficam sorrateiramente escondidas no nosso pretérito. Através do tratamento médico, pode-se paralisar o curso da doença, naquele momento, mas as causas verdadeiras continuam. É preciso trabalhar essa causa para sanar os efeitos, de forma permanente. Jesus não prometia cura, mas sim, o alívio. Dizia: "V*inde a mim, todos vós que estais aflitos e sobrecarregados que eu vos aliviarei*"[2]. Prometeu alívio, mas não cura, porque esta vai depender, na maioria das vezes, de nós mesmos. Uma vez conhecida a causa da situação, recomendava : "*Vá e não peques mais*". Alertando com isso que a criatura não deve, daí para frente, incorrer nos mesmos erros, pois, uma vez insistindo nesse engano, os problemas voltam de novo.

Muitas vezes, apesar de todo esforço, algumas pessoas não conseguem as mudanças desejadas. Sabemos que não é fácil, exigindo empenho e perseverança. Na realidade, como a causa está profundamente cristalizada em nossa alma, às vezes de longa data, e até mesmo de outras existências, certamente, não terão conseguido chegar à essência da questão emocional, ou se localizaram, não conseguiram promover efetivamente mudanças, com a renovação de atitudes.

Certas causas estão vinculadas à infância, manifestando-se, inconscientemente, sob a forma de medos, culpas, angústias, tal como nós aprendemos, quando éramos ainda criança. Quase sempre repetimos *as crenças*, sem perceber que foram passadas por nossos pais; se estes foram rígidos, certamente também o seremos, seguindo as orientações recebidas. Diante das situações, para a nossa sobrevivência, fomos criando mecanismos de defesa. Mas eles são úteis apenas para aquele momento; as situações tumultuosas devem ser trabalhadas, posteriormente, entrando em contato com a nossa *criança interna*, procurando expor novas atitudes para o nosso comportamento.

Transferir, porém, acusações aos nossos pais, ou à situação em que fomos educados, não resolverá os nossos problemas. Temos que ir em busca de nossa *criança interior* e procurar formas de esquecer o passado definitivamente. Este é o momento ideal para procedermos a mudanças; elas refletirão no nosso amanhã. Desenvolver o amor é a maior força para apagar de nossa lembrança as cicatrizes internas da alma. Ele só existe em nosso *eu*. Diz-se que para apagar as nossas lembranças infelizes, que tumultuam o nosso hoje, o amor é a mais eficiente borracha. Não é outro o sentido que Pedro ensina: "*O amor cobre uma multidão de pecados*".[3]

A nossa cura verdadeira só ocorrerá quando assumirmos o compromisso, conosco mesmo, de enfrentar as nossas emoções rejeitadas, que ficam *ocultas* em nosso interior. Reprimidas, funcionam como *bombas de efeitos retardados*, e produzem verdadeiros estragos em nosso organismo, se não trabalhadas. "*Conhece-te a ti mesmo*", expressou Sócrates, convidando-nos ao exame introspectivo, isto é, voltarmos para dentro de nós mesmos.

Devemos nos conhecer para melhor nos

relacionarmos com o mundo; podemos tentar esse processo sozinho, ou com ajuda externa de psicoterapeutas, grupos de estudos psicológicos e outros profissionais da área das doenças emocionais e/ou do comportamento... O próximo é o espelho que nos ajuda a promover mudanças em nossa conduta; pelo mecanismo da projeção, criticamos nos outros aquilo que temos de defeito. É uma ferramenta simples e que está sempre à nossa disposição em todos os instantes.

Quando reencarnamos na Terra, não estamos com o objetivo, simplesmente, de excursionar; o espaço de tempo em que ocupamos um organismo físico é para desenvolver as nossas potencialidades divinas, e evoluir até alcançar a condição de Espíritos puros. Enfrentaremos muitos obstáculos – mas isso é contingência do processo de evolução; é trabalhando esses obstáculos, *renascendo agora*, aproveitando essa reencarnação que vamos progredir, cuidando com carinho de nossas mazelas conflitivas, vencendo a nós mesmos.

---

1 Mateus, 10:8
2 Id.11:28.
3 1Pedro, 4:8.

## 5.17. Auxiliando hoje

> *"Mais vale auxiliar, ainda hoje, do que ser auxiliado amanhã".*

Como o desenvolvimento das virtudes ocorre paulatinamente, o ato conscientizado de *auxiliar* alguém, provendo suas necessidades, é um processo lento, à medida que desenvolvemos o amor.

O auxílio ocorre, muitas vezes, simplesmente como ato mecânico, para livrar-se do necessitado, demonstrar superioridade, exibir personalismo, ser visto como caridoso para prender o próximo, explorá-lo, ter o nome divulgado na imprensa, evidenciar seu nome na galeria dos benfeitores; tais ações – embora auxiliem o necessitado, pois, de certa forma socorre quem precisa – não são ainda o reflexo da Vida Divina na alma do autor desse auxílio...

Quando o ato é espontâneo, isto é, sem qualquer subterfúgio ou dissimulação, a alma expande-se em alegria indescritível, refletindo a presença de Deus em seu reino interior. Neste caso, a criatura manifesta através de si o hálito divino; aliás, o homem bom não sabe que o é, razão por que não se prende à opinião alheia. Jesus, entendendo bem o sentido do desenvolvimento, primeiramente do EU Divino em nosso interior, antes da conquista do mundo exterior, expressa: *"Eu e o Pai somos um; as obras que eu faço é o Pai em mim que as faz"*. Um escritor moderno diz que a tarefa principal que o homem tem de realizar na sua romagem terrena é *dar a luz a si mesmo*. Quando criamos condições espirituais favoráveis, pelo ato espontâneo de auxiliar, a força divina brilha em nosso interior, dilatando nosso potencial.

Quanto mais auxiliamos naturalmente, mais estamos supridos do socorro divino; a alma feliz age sobre o corpo emitindo energias salutares; quem vive, egoisticamente, sem o espírito de fraternidade, adoece, pois deixa de dar expansão ao manancial divino em estado embrionário na intimidade de cada um. No pensamento de Emmanuel: "toda obstrução, significa inércia e enfermidade"; "(...) *o sangue que não circula gera a necrose*"; (...) *"a água, para manter-se pura, exige escoadouro"*.[1]

Assim, devemos entender que, além do trabalho remunerado, aquele que fazemos em atendimento à nossa obrigação, para a nossa manutenção no corpo físico, é necessário *ir mais além*; quando prestamos o nosso concurso no auxílio espontâneo, sem qualquer interesse remuneratório, tornamo-nos canais para a manifestação de Deus, e passamos a ter a *"vida em abundância"*.

Jesus, referindo-se a esse *ir mais além* no trabalho, alerta-nos: *"Quando tiverdes feito tudo o que devíeis fazer, dizei: Somos servos inúteis"*[2]. Em outras palavras, quando fazemos somente o trabalho necessário, não indo *"mais além"*, isto é, realizamos somente o trabalho remunerado e não somos capazes de dar um pouco de nós mesmos, na realização da obra divina, devemos dizer: *"Somos servos inúteis, porque fizemos somente o que devíamos fazer"*. A atitude do homem de auxiliar espontaneamente, faz transbordar a plenitude divina, desobstruindo os canais mentais e enriquecendo-o de inefável felicidade.

A situação é clara: quem se preocupa em auxiliar encontra-se em melhores condições do que aquele que não auxilia, pois este se manifesta frio e indiferente de sentimentos nobres; mas não basta socorrer mecanicamente, e que a ação revele o amor, sem aguardar qualquer retorno do beneficiado. O amor é a luz inextinguível de Deus, que brilha nos corações dos que servem, sem segundas intenções.

Saliente-se que, às vezes, a criatura ao ser conclamada para auxiliar na obra divina recua, dizendo que nada possui; entende, que para *dar de si* é preciso ser portadora de avantajados recursos materiais. Ora, quantas pessoas não fazem da vida um *ato de servir*, sem serem detentoras de bens materiais? Doam de si mesmas, manifestando boa vontade com os semelhantes, quer através da palavra de consolo, da visita a um doente, da indicação de um livro nobre. Emmanuel ensina a lição da *migalha*, dizendo que[3], *"quando o servidor fiel oferta a migalha de suas luzes, é ela imediatamente suprida pelo milagre da multiplicação, uma vez que na oferta espontânea, Deus abençoa esse patrimônio pequenino, levando em conta as nossas possibilidades mínimas no bem"*.

Quando auxiliamos pautados no amor, somos auxiliados, não no sentido material, de recebermos a recompensa da própria pessoa socorrida; é um depósito no *Banco Divino* – verdadeiro reservatório do Amor Infinito — que não aguarda gratidão do socorrido, pois trata-se de um ato de amor, e a premiação será nos dada em forma de felicidade, pela expansão da Luz Divina em nossos corações. Vale aqui lembrar da comovente história do *óbolo da viúva*, contada por Jesus[4]: Olhando ele, viu os ricos lançarem as suas ofertas no gazofilácio[5]. Viu também viúva pobre lançar ali duas pequenas moedas, e disse: *"Em verdade vos digo que esta viúva pobre deu mais que todos. Todos estes deram como oferta daquilo que lhes sobrava; mas esta, da sua pobreza, deu todo o sustento que tinha"*. Deus leva mais em conta o pobre que reparte o seu único pedaço de pão, que o rico que só dá do seu supérfluo.

É nesse sentido, que entendemos a lição de Emmanuel[6] quando nos ensina que *"o auxílio que prestamos às criaturas, sem exigência nem paga, é a nossa rogativa silenciosa ao Socorro Divino, que nos responde, invariável, com a luz da cooperação e do suprimento".*

A recomendação do mesmo Mentor, comentando a lição, "Renasce agora" de que: *"Mais vale auxiliar hoje, do que ser auxiliado amanhã"*, assenta-se nesse princípio de que se estivermos em ação no socorro espontâneo no bem, estamos "escoando" nossas energias em benefício do próximo, impedindo, dessa forma, a necrose de nossos sentimentos pela inércia, que culminará, por conseqüência, em enfermidade. E se atingidos pela doença, muda-se a posição e teremos que ser auxiliados. Quando auxiliamos, estamos participando da obra divina, como doadores de seu amor, recebendo, igualmente, as bênçãos de seus reflexos.

---

1  XAVIER, Francisco C. *Pensamento e Vida*. Ditado pelo Espírito de Emmanuel, p. 108.
2  Lucas, 17:10.
3  XAVIER, Francisco C. *Vinha de Luz*, lição: migalha e multidão, Ditado pelo Espírito de Emmanuel, p.195-196.
4  Lucas, 21:1-4.
5  Arca do tesouro onde eram depositadas as ofertas do Templo.
6  XAVIER, Francisco C. *Pensamento e Vida*. Ditado pelo Espírito de Emmanuel, p.110.

# 6. A presença de Deus

*"Nele vivemos, nos movemos e existimos"*
*(Atos, 17:28).*

O segredo para crescermos com coragem diante das adversidades do cotidiano, renovando as atitudes inferiores e educando o comportamento para ações nobres é nos conscientizarmos que *nunca estamos sós*. Deus está presente em todas as criaturas, de forma indireta, através de suas leis, independente da nossa vontade, pouco importando se acreditamos ou não.

Há momentos em que a vida se nos apresenta totalmente em sombras escuras, não se vislumbrando nenhuma solução de imediato, para os problemas que se avolumam; parece não haver saída alguma para os nossos infortúnios. No entanto, sempre existe uma solução, por mais intrincado que possa parecer o nosso problema. A solução é buscar a calma. Mas como, se o cérebro se esfervilha num turbilhão de idéias antagônicas, e a tristeza toma conta de nossa mente? A angústia é tanta que não se consegue parar para pensar e sequer colocar a mente em repouso.

Quando tudo parece perdido, lembremo-nos de uma

verdade: Deus sempre está conosco, não importa a gravidade de nossa falta, ou se ações praticadas são recriminadas por toda a sociedade. Acredite nisso, afinal somos parte Dele, em processo de evolução. Nada de pena eterna, ou de fogo do inferno. Deus nos criou para evoluir e sempre haverá o momento do *cair em si* e retornar para a Casa do Pai. É questão de tempo!

É nessa óptica que Jesus nos dá idéia do infinito amor de Deus, por seus filhos: *"Digo-vos assim que haverá mais alegria no céu por um pecador que se arrepende, do que por noventa e nove justos que não necessitam de arrependimento"*.[1] Depois de ter dito isto, narra a sugestiva *parábola do filho pródigo*, mostrando que Deus está sempre aguardando o nosso retorno ao caminho do bem, não importando o quanto tenhamos errado. (Afinal, erro é conseqüência de nosso livre-arbítrio, uma concessão de Deus para o nosso progresso). E concluindo a narrativa da história, ensina: *"Filho, tu estás sempre comigo, e todas as minhas coisas são suas. Mas era justo alegrarmo-nos e folgarmos, porque este irmão estava morto e reviveu, estava perdido e foi achado"*.[2]

Paulo de Tarso, figura extraordinária da História da Humanidade, de perseguidor dos cristãos, responsável pela morte de Estêvão na arena sangrenta, depois de muito recalcitrar contra os aguilhões, torna-se o vaso escolhido por Jesus para dar divulgação à Boa Nova.

Jesus recomendou que: (...) *"Mas tu quando orares entra no teu aposento, e fechada a porta, ora ao teu Pai em secreto"*.[3] Entrar no *aposento* pode ser entendido simbolicamente, como voltar introspectivamente para o interior, não importa onde esteja, na rua, no trabalho, no ônibus; ore, fale com Ele, conte os seus problemas, se estiver sentindo vontade de chorar, chore, desabafe e mostre seu desejo ardente de se renovar. Sempre teremos um amigo, dentro de nós, pronto a nos ouvir.

Lembre-se que Jesus, que não pode ser confundido com Deus, *mas guia e modelo para a humanidade*.[4], mercê de seus esforços, através de várias romagens, já conseguira desenvolver esse Reino de Deus em si. Em certa passagem do Evangelho sobre a mulher adúltera, Jesus não a condenando, disse-lhe: (...) *"Eu também não te condeno. Vá embora! E não peques mais de agora em diante"*.[5]

O perdão, na realidade, não é algo gratuito, fruto tão-somente do arrependimento, ou de quem ora mais, ou tem mais fé; ele encontra-se no Código Divino, gravado em nossas consciências, e é sempre a oportunidade renovada para a busca da retificação; mas esse *cair em si* (como ocorrera ao filho pródigo) deve ser uma tomada de consciência *sincera*, com o intuito de *nascer de novo*, isto é, mudar o roteiro da vida, reprogramando objetivos.

Assim ocorrendo, aciona-se um dispositivo no mecanismo do Código Divino e concedem-se ao infrator os recursos necessários para a recuperação; é a batalha madura de quem encontrou a *pérola escondida* e quer desvencilhar-se de tudo que possa impedir a plenitude de sua conquista.

Conseguindo entrar em contato com Ele, um bálsamo suavizador começa a fluir de nosso interior, enriquecendo-nos de coragem e otimismo, mostrando que somos filhos de Deus e que, em razão de suas Leis, baseadas no amor, *"não quer a morte do pecador, mas que ele se modifique, progrida e viva"*, no dizer do profeta Ezequiel[6]. Afinal, não fomos criados para a morte, mas para a vida! Ela é o dom mais precioso que Deus nos concede.

Um bom coadjuvante para entrar em contato com Ele, nos momentos mais difíceis, quando achamos que não se tem mais solução, é, mediante relaxamento orgânico e psíquico, entrarmos em meditação e prece. Estudos científicos demonstram os efeitos benéficos da meditação para o cérebro e para o sistema imunológico dos praticantes.

Através da meditação profunda, se possível ouvindo músicas suaves, vamos, gradativamente, esvaziando a mente dos pensamentos negativos, substituindo-os pela serenidade, alegria e felicidade. A partir daí, começamos a sentir a presença suave de Deus em nossa intimidade. É o encontro com o *Reino de Deus* potencializado em todos nós.

---

1 Lucas, 15:7.
2 Lucas, 15:31-32.
3 Mateus, 5:8.
4 KARDEC, Allan. O *Livro dos Espíritos*, Q. 625.
5 João, 8:1-11.
6 Ezequiel, 33:11.

# *Bibliografia citada*

BRAGA, Rubens e MARTINS, Celso. Centro Espírita (Atendimento Fraterno e Aplicação do Passe), 1ª edição, Editora EME: Capivari-SP, 2003.

A BÍBLIA de THOMPSON, *Antigo e Novo Testamento*. 2.ª edição brasileira. Tradução de João Ferreira de Almeida. Editora Vida: São Paulo, 1992.

BRÓGLIO, Roberto. *Doenças da Alma*. 1.ª edição, São Paulo: Fé Editora, 1997.

CIAMPONI, Durval. *Reflexões sobre as Bem-aventuranças*. 1.ª edição, SÃO PAULO: FEESP, 1991.

FELDER, Leonard. *Começar de novo*. 4.ª edição brasileira. São Paulo: Saraiva, 1993.

FRANCO, Divaldo P. *Momentos de consciência*. Psicografado pelo Espírito Joanna de Ângelis. 2.ª edição, Salvador: Leal, 1995.

_____, *Jesus e o Evangelho à luz da psicologia profunda*. Psicografado pelo Espírito Joanna de Ângelis, 1.ª edição, Salvador: LEAL, 2000.

GIBRAN, Khalil, Gibran. *O Profeta*. 1.ª edição brasileira. Tradução Mansou Challita, 1971.

GODOY, Paulo Alves. *Casos Controvertidos do Evangelho*. 1.ª edição, São Paulo: FEESP, 1993.

HAY, Louise L. *O Poder Está Dentro de Você*. 1.ª edição brasileira, São Paulo: Editora Best Seller, 1991.

_____, *Você Pode Curar Sua Vida*. 1.ª edição brasileira, São Paulo: Editora Best Seller, 1991.

HOHDEN, Huberto. *Sabedoria das Parábolas*. 5.ª edição, São Paulo: Martin Claret, 1995.

KARDEC, Allan. *O Evangelho segundo o Espiritismo*. Tradução Herculano Pires, 37.ª edição, Editora LAKE: São Paulo: 1990.

_____, *O Livro dos Espíritos*. Tradução J. Herculano Pires, LAKE: São Paulo: 1990.

_____, *A Gênese*. 20.ª Edição. São Paulo: LAKE, 2001.

LAMA, Dalai e CUTLER C. Howard. *A Arte da Felicidade*. 1.ª edição brasileira, São Paulo: Martins Fontes, 2002.

LOCKYER, Herbert. *Todas as Parábolas da Bíblia*. 1.ª edição brasileira, São Paulo: Editora Vida, 1999.

MEIRA, Rubens P. *O Perispírito*. 1.ª edição, SÃO PAULO: Editora Brasbiblos, 1986.

MIRANDA, Hermínio C. Miranda. *Cristianismo: a Mensagem Esquecida*. 1.ª edição, MATÃO: Editora o Clarim, 1988.

NOVAES, Adenáuer, *Psicologia do Evangelho*. 1.ª edição, Salvador: Fundação Lar e Harmonia, 1999.

PASTORINO, C. Torres. *Minutos de Sabedoria*. 24.ª edição, Petrópolis-RJ: Vozes, 1986.

POSSATTO, Lourdes. *Em Busca da Cura Emocional*. 1.ª edição, São Paulo: Lúmen, 2002.

SANTO NETO, Francisco do Espírito. *Renovando Atitudes*. Psicografado por Hammed. 4.ª edição, Catanduva: Boa Nova, 1997.

SCHUTEL, Cairbar. *Parábolas do Ensino de Jesus*. 10ª edição, Matão: O Clarim, 1976.

_____, *O Espírito do Cristianismo*. 6ª edição, Matão: O Clarim, 1980.

XAVIER, Francisco Cândido. *Paulo e Estêvão*. Psicografado pelo Espírito Emmanuel. 27.ª edição, Rio de Janeiro: FEB, 1994.

_____, *Caminho, Verdade e Vida*. Psicografado pelo Espírito Emmanuel. 15.ªedição, Rio de Janeiro: FEB, 1994.

_____, *Vinha de Luz*. Psicografado pelo Espírito Emmanuel. 12.ª edição, Rio de Janeiro: FEB, 1993.

_____, *Pão Nosso*. Psicografado pelo Espírito Emmanuel. 16.ª edição, Rio de Janeiro: FEB, 1994.

_____, *Fonte Viva*. Psicografado pelo Espírito Emmanuel. 19.ªedição, Rio de Janeiro: FEB, 1994.

_____, *Livro da Esperança*. Psicografado pelo Espírito Emmanuel. 12.ª edição, Uberaba: CEC,1992.

_____, *Palavras da Vida Eterna*. Psicografado pelo Espírito Emmanuel. 16.ª edição, Uberaba: CEC, 1992.

_____, *O Consolador*. Psicografado pelo Espírito Emmanuel. 16.ª edição, Rio de Janeiro: FEB, 1993.

# Do mesmo autor:

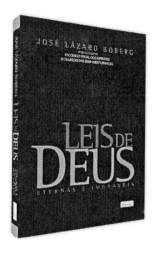

### Leis de Deus – Eternas e imutáveis
Doutrinário • 16x21 • 272 pp.

A cada capítulo são analisadas questões intrigantes e muitas vezes polêmicas, como as características das leis de Deus, a origem e o conhecimento inato que os homens têm dessas leis, a definição de moral e a distinção entre bem e mal, além de uma abordagem objetiva sobre a justiça, o amor e a caridade.

### Da moral social às leis morais
Doutrinário • 16x22,5 • 256 pp.

Obra perfeitamente sintonizada com as tendências éticas e sociais defendidas pela 3ª parte de *O Livro dos Espíritos*. O autor trabalhou, com competência e profundidade, cada uma das dez leis morais propostas por Kardec aos espíritos para servir de guia ao homem que deseje se aproximar da perfeição.

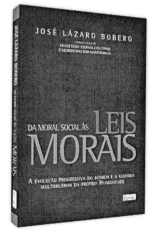

# Do mesmo autor:

### O segredo das bem-aventuranças
Doutrinário • 16x23 • 336 pp.

Quem não busca a paz e a felicidade? O autor procura mostrar, ao longo desta obra, que todos temos o potencial da perfeição permitida ao ser humano. Mostra o que devemos fazer em nossa jornada evolutiva, para merecer as bem-aventuranças prometidas por Jesus em seu célebre Sermão da Montanha, enfatizando com convicção que precisamos apenas colocar em prática as mudanças de atitude propostas pelo Mestre.

### A oração pode mudar sua vida
Doutrinário • 14x21 • 280 pp.

Será que a oração pode mesmo mudar minha vida? Mas como? Esses e outros questionamentos são esclarecidos minuciosamente pelo autor Boberg, que consegue nos explicar, de uma maneira simples, como a oração pode nos favorecer no trilhar do caminho sinuoso da vida terrena. Sem dúvida alguma, uma obra esclarecedora e que acalenta nossos corações e nossas mentes.

# Conheça também:

### A moça do espelho
Isabel Scoqui
Romance espírita • 14x21 • 200 pp.

Estefânia, jovem desencarnada há 200 anos, permanece presa à promessa do noivo, revivendo constantemente as mesmas cenas, vinculadas ao espelho e ao retrato enviados por ele.

### O casarão da madame Sofia
Lia Márcia Machado/Marcellus (espírito)
Romance mediúnico • 16x22,5 • 328 pp.

Transitando entre dois ambientes hostis e sufocantes, um cabaré em que ingressara em busca de sonhos e do sustento da família, e um casamento forçado, mas não sem interesses pessoais, a heroína desta narrativa, um tanto resignada, um tanto romântica, vai viver uma crescente tensão em busca de uma alternativa para sua vida, até que um encontro fortuito abrirá um fio de esperança em seu futuro.

# Conheça também:

### Oito semanas para mudar sua vida
Elaine Aldrovandi
Autoajuda • 14x21 • 168 pp.

Elaine Aldrovandi elaborou esse livro para nos auxiliar nessa busca incessante de progresso espiritual. Através de uma proposta de renovação de atitudes ela nos incentiva e nos apresenta um roteiro de oito semanas para, como num desafio, nos impulsionar a atingir a meta de reformular nosso comportamento.

### Razões para uma vida melhor
Ricardo Orestes Forni
Autoajuda • 14x21 • 184 pp.

Com fatos e histórias, na maioria das vezes tiradas da vida real, Ricardo Orestes Forni nos ensina a substituir a tendência de *viver bem* pela opção mais acertada de *bem viver*. Os personagens que sobreviveram a grandes tragédias exemplificam a todos nós atitudes corajosas e nos dão provas de grande superação.

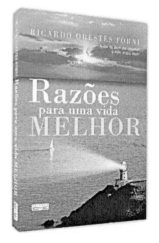

# Conheça também:

### A morte sem mistérios
Donizete Pinheiro
Estudo • 14x21 • 160 pp.

Donizete Pinheiro aprofunda o tema para instruir ou confortar aqueles que estejam sofrendo por causa da morte ao mesmo tempo em que nos oferece um alento, pois a cada instante vem confirmar e consolidar em nosso íntimo a certeza da sobrevivência do ser imortal que somos.

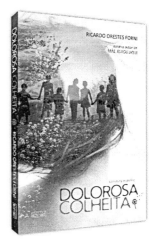

### Dolorosa colheita
Ricardo Orestes Forni
Romance espírita • 14x21 • 184 pp.

Decidido a lutar contra o aborto e contra sua legalização no Brasil, Ricardo Orestes Forni retrata no romance *Dolorosa colheita*, com a veracidade dos fatos, o que acontece após esse crime em que a vítima não tem a menor chance de se defender.

# Conheça também:

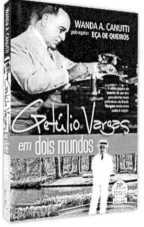

### Getúlio Vargas em dois mundos
Wanda A. Canutti
Eça de Queirós (espírito)
Romance mediúnico • 16x23 • 344 pp.

Getúlio Vargas realmente suicidou-se? Como foi sua recepção no mundo espiritual? Qual o conteúdo da nova carta à nação, escrita após sua desencarnação? Saiba as respostas para estas e outras perguntas, agora em uma nova edição, com nova capa, novo formato e novo projeto gráfico.

### O perispírito e suas modelações
Luiz Gonzaga Pinheiro
Doutrinário • 16x23 • 352 pp.

Com este trabalho o autor vai mergulhar mais fundo no fascinante oceano espiritual. Obra imperdível para conhecer sobre o perispírito, suas modelações e os reflexos das atitudes no corpo espiritual. "Uma notável contribuição para o espiritismo brasileiro", no dizer do escritor Ariovaldo Cavarzan.

---

*Não encontrando os livros da EME na livraria de sua preferência, solicite o endereço de nosso distribuidor mais próximo de você através do Fone/Fax: (19) 3491-7000 / 3491-5449.*
*E-mail: vendas@editoraeme.com.br – Site:www.editoraeme.com.br*